Mgr. André Léonard
Bischof von Namür (Belgien)

Jesus und dein Leib

Die Sexualmoral, für Jugendliche erklärt

PARVIS-VERLAG
CH-1648 HAUTEVILLE

«Legt als neues Gewand den Herrn Jesus Christus an, und sorgt nicht so für den Leib, daß die Begierden erwachen.» (Röm 13,14)

Diese Broschüre widme ich den Jugendlichen, die danach verlangen, in der Treue zu Jesus ihren Körper zu achten. Ich danke allen Studenten und Studentinnen, die durch ihr Vertrauen und ihre Fragen dazu beigetragen haben, es mir zu ermöglichen, meine Gedanken zur Sexualmoral klar geordnet zu Papier zu bringen. Mögen sie hierin das Zeugnis meiner Dankbarkeit sehen.

Französischer Originaltitel:
«Jésus et ton corps»

Deutsche Übersetzung: Margrit Meyendriesch

3. Auflage, Mai 2001

PARVIS-VERLAG
CH-1648 HAUTEVILLE / SCHWEIZ

Internet: http://www.parvis.ch
E-mail: book@parvis.ch

Postsendungen in alle Länder

Gedruckt in der Schweiz

Vorwort

Eine Botschaft für junge und weniger junge Menschen

Diese Broschüre richtet sich an alle Christen — und unter vielen Aspekten auch an die Nicht-Glaubenden —, die sich mit den Fragen der Sexualmoral beschäftigen. Vor allem aber ist sie an die Jugendlichen gerichtet. Sie sind es nämlich, die Studenten und Studentinnen, denen ich an der Universität begegne, und die mich veranlaßt haben, über diese Fragen nachzudenken und meine Überzeugungen in dieser Materie schriftlich niederzulegen. Darum erlaube ich mir auch, mich hier ganz familiär mit ihnen zu unterhalten, im Ton eines freundschaftlichen Gesprächs, und «du» zu ihnen zu sagen.

Eine Überzeugung miteinander teilen

Wenn ich hier von «meinen Überzeugungen» spreche, dann mußt du mich richtig verstehen. Was ich nämlich in diesem Büchlein darlegen werde, das sind nicht «meine» eigenen persönlichen Ideen im Bereich des sexuellen Lebens, sondern ganz einfach die Lehre Christi und der Kirche, diese Lehre, hinter der ich selbst stehe mit meinem ganzen Herzen, in der festen «Überzeugung», daß sie, und sie allein, in der Lage ist, dich recht zu informieren und zu stärken. Mein Ziel wäre erreicht, wenn es mir gelänge, dich dazu zu führen, von innen her diese Überzeugung mit mir zu teilen.

Ein neuralgischer Punkt

Wenn die Sexualität ohne Zweifel auch nicht die bedeutendste Dimension deines Lebens ist, so stellt sie doch mit Sicherheit einen neuralgischen Punkt dar, ein delikates Gebiet, zu dem es zahlreiche Fragen gibt. Hierbei kann es sich entweder um ganz konkrete Fragen handeln, die du dir betreffs deiner eigenen Lebensführung stellst, oder um mehr theoretische Probleme, die den sittlichen Wert dieser oder jener Verhaltensweise prüfen, auch wenn sie dich nicht persönlich betreffen. Ich möchte redlich und methodisch sowohl auf die einen wie auch auf die anderen dieser Probleme zu sprechen kommen, und ich glaube, daß dieses Vorgehen nicht zuletzt gerade deshalb so notwendig ist, weil man in der Vergangenheit den Christen allzu häufig von der Sexualmoral gesprochen hat, während heute, wie ich feststelle, viele Jugendliche in diesem Bereich überhaupt nicht mit der Lehre des Evangeliums vertraut sind.[1]

Die Pädagogik Jesu

Was die Gestaltung dieser Abhandlung betrifft, so habe ich versucht, die einzig mir wirksam erscheinende Pädagogik anzuwenden, nämlich die der Wahrheit und Klarheit, unter besonderer Beachtung der jeweiligen persönlichen Situationen. Dies war, wenn ich es recht erkenne, auch die Pädagogik Jesu; denn er sagte klar und kompromißlos das, was er von seinem Vater gehört hatte (s. Joh 12, 49-50), wobei es ihm aber von größter Wichtigkeit war, jedem Menschen auf dem Gebiet seines eigenen Lebens zu begegnen. Seine Begegnung mit der Samariterin (Joh 4,1-42), der Ehebrecherin (Joh 8, 1-11), der Sünderin (Lk 7, 36-50) usw. legen davon Zeugnis ab.

Von der Gabe Gottes ausgehen

Ebenso habe ich es gehalten bei all dem, was die spezifisch christliche Vision der Sexualität betrifft. Oft glaubt man, besser auf die Jugendlichen einzugehen — oder besser gesagt, sie auf sanfte Weise zu «fangen» —, wenn man lediglich von dem ausgeht, was sie selbst gelebt haben, was ihre spontanen Ansichten sind, um sie dann gleichsam unmerklich auf

1 Andere Veröffentlichungen können dir helfen, dich über all diese Fragen weiter zu informieren. Ich empfehle dir vor allem: Jacques Lacourt, Au risque d'aimer, Droguet et Ardant, 1982; Daniel Ange, Ton corps fait pour l'amour, supplément à la revue «Tychique», Lyon 1982. Mit Nutzen wirst du auch die entsprechenden Stellen aus dem «Glaubensbuch» der belgischen Bischöfe lesen.

den Weg zu einer christlichen Sicht der Dinge zu führen. Mir scheint dieser Weg weder wirksam noch ganz ehrlich zu sein. Auch hierin ziehe ich die Pädagogik des Neuen Testamentes vor — besonders die des heiligen Paulus —, der immer damit beginnt, auf die Gabe Gottes und sein Wirken hinzuweisen, um sodann daraus praktische Schlußfolgerungen auf sittlichem Gebiete zu ziehen: «Ihr seid mit Christus auferweckt; darum strebt nach dem, was im Himmel ist, wo Christus zur Rechten Gottes sitzt» (Kol 3,1). «Euer Leben ist mit Christus verborgen in Gott... Darum tötet, was irdisch an euch ist: die Unzucht, die Schamlosigkeit, die Leidenschaft, die bösen Begierden und die Habsucht, die ein Götzendienst ist.» (Kol 3, 3-5). «Wie der Herr euch vergeben hat, so vergebt auch ihr» (Kol 3,13). «Wißt ihr nicht, daß eure Leiber Glieder Christi sind? Darf ich nun die Glieder Christi nehmen und zu Gliedern einer Dirne machen? Auf keinen Fall!» (1 Kor 6,15). «Ihr Männer, liebt eure Frauen, wie Christus die Kirche geliebt und sich für sie hingegeben hat.» (Eph 5,25) usw.

Eine logische Ordnung

Ich habe also nicht gezögert, die Karten offen auf den Tisch zu legen. Zuerst habe ich die Art und Weise dargelegt, in welcher Gott in Jesus den menschlichen Körper und die menschliche Liebe betrachtet. Ich habe mich so klar wie möglich ausgedrückt in allem, was die Sexualität betrifft und ihre Bestimmung in den Augen Jesu; von dir allerdings erbitte ich beim Lesen ein wenig Mühe und Aufmerksamkeit. Erst anschließend habe ich logisch, in methodischer Reihenfolge, alle präzisen Probleme des sexuellen Lebens behandelt, wobei ich jedesmal versucht habe, auf all die ganz konkreten Fragen einzugehen, die du etwa stellen wirst, und schließlich habe ich mich im letzten Teil dieser Ausführungen mit der täglichen Übung der christlichen Keuschheit befaßt.

Und nun bitte ich dich noch um eines — und auch dies gehört zu meiner Pädagogik — lies bitte die vier Kapitel dieser Broschüre der Reihe nach, mögen die beiden ersten auch ein wenig Anstrengung erfordern, um sodann die einzelnen Abschnitte nur im Lichte des Ganzen zu beurteilen.

Möge die Gnade des Heiligen Geistes dich bei dieser Lektüre begleiten.

B-5000 Namür,
den 1. Oktober 1993,
am Feste der heiligen Theresia vom Kinde Jesu

+ André-Mutien LÉONARD

Bischof von Namür

Deinen Leib als Christ besitzen

Alle Fragen, die du dir über die Geschlechtlichkeit stellst, haben darin ihren Grund, daß du einen Körper hast. Wärest du wie die Engel ein reiner Geist, wären diese Fragen für dich ohne Belang.

Außerdem bist du ein Christ. Vielleicht möchtest du ein noch besserer Christ werden, und in dem Maße, wie dies dein Wunsch ist, bemühst du dich darum, aus Jesus, mit Ihm und für Ihn zu leben.

Für dich als Christ ist es also nötig, die Probleme, die der sexuelle Bereich dir stellt, im Blick auf Jesus zu betrachten. Was bedeutet dein Leib für Jesus? Was bedeutet der Herr für deinen Leib? Was hat er dir zu sagen in all dem, was die verschiedenen Aspekte deines sexuellen Lebens betrifft? Im Hinblick auf all diese Fragen habe ich dieser Broschüre den Titel gegeben: Jesus und dein Leib.

Dich deines Menschseins würdig erweisen

Gewiß, all das, was Gott uns in Jesus sagt, hat er in gewisser Weise schon in unser Innerstes eingeschrieben, in unsere menschliche Natur, so wie er sie in seiner Weisheit geschaffen hat. Deshalb entsprechen alle spezifisch christlichen Antworten auf die verschiedenen Fragen der Geschlechtlichkeit auch den allgemein menschlichen Motivationen, den rein vernunftgemäßen Argumenten; sie gehen in die gleiche Richtung, wenn auch nicht immer ebenso weit. Nur die christliche Sittenlehre, nur die Anforderung eines vollen, sich ganz entfalteten Lebens, eines Lebens, wie Jesus es seiner Kirche anvertraut hat, geht konsequent bis zum Ende unserer Fragen. Die Gebote Christi richten sich indessen nicht ausschließlich an die Christen, sondern an jeden Menschen, der sein Menschsein in seiner ganzen Würde leben will.

Vier Schritte

Um eine Antwort auf die Fragen zu erhalten, die du dir über die Sexualität stellst — Fragen, die letztlich jeder Mensch sich stellt —, will ich dich also einladen, in *vier Etappen* darüber nachzudenken.

1. Ich werde damit beginnen aufzuzeigen, wie unser Körper — ungeachtet seiner Schwachheit und Verwundbarkeit — eine überaus große Würde besitzt und eine Berufung zur Herrlichkeit hat. Dies wird die erste Etappe sein: *Jesus und dein Leib der Herrlichkeit.*

2. Sodann werden wir sehen, wie Jesus den Sinn der menschlichen Liebe und der Sexualität durch seine eigene bräutliche Verbindung mit der Menschheit erleuchtet, und zwar durch seine eigene liebende Ehe mit seiner Kirche. Das wird die zweite Etappe sein: *Jesus und die menschliche Liebe.*

3. Als dritte Etappe schlage ich dir vor, dich in diesem Lichte mit all den Fragen zu beschäftigen, die sich dir oder anderen im Bereich der Sexualität stellen, angefangen bei der Masturbation und der Homosexualität bis hin zur künstlichen Befruchtung und der Abtreibung, wobei auch die vorehelichen Beziehungen, die Ehescheidung und die Empfängnisverhütung zur Sprache kommen. Wir werden untersuchen, wie ein Christ vom Herrn dazu berufen ist, sich in all diesen Gegebenheiten auf eine Art und Weise zu verhalten, die Gottes und seines eigenen Menschseins würdig ist: *Jesus und die Probleme des sexuellen Lebens.*

4. Im Bereich des sittlichen Lebens, das eine Angelegenheit des Willens und des Handelns ist, genügt es nicht, die Wahrheit zu kennen, um automatisch aus ihr heraus zu leben. Jeder einzelne muß sich auch, seinem Lebensstand entsprechend, auf den rechten Weg begeben und die konkreten Mittel anwenden, um sich von seinen Niederlagen zu erheben, im Guten zu wachsen und mit der Gnade Gottes großmütig durchzuhalten. Diesem täglichen Streben nach größerer Reinheit oder Keuschheit des Lebens werden wir die vierte und letzte Etappe unserer Ausführungen widmen: *Jesus und die Heiligung deines Leibes.*

Jesus und dein Leib der Herrlichkeit

Herrlichkeit und Elend des Leibes

Ein fleischgewordener Geist

Manche Gemüter werden in besonderer Weise von der Schönheit des menschlichen Leibes angesprochen. Ich nehme an — und das ist das Normale in deinem Alter —, daß du zunächst von seiner Herrlichkeit beeindruckt bist. Wie staunenswert ist doch das Zusammenspiel der einzelnen Organe unseres Leibes und ihr Funktionieren! Ein immer neues Wunder eines fleischgewordenen Geistes! Ich selbst bin es ja, der in meinen Augen, in meiner Stimme, in meinen Händen lebt. Ohne ausschließlich auf meinen Körper beschränkt zu sein, *bin* ich doch in gewisser Weise mein Körper. Wir sagen ja nicht: «Meinem Körper ist es heiß», sondern: «Mir ist es heiß.» *Durch* meinen Körper, *in* meinem Körper, findet sich das, was das Geistigste in mir ist, gleichsam in das Herz der Materie eingesenkt, und es wirkt von innen her auf die Welt ein. Der Körper, ein trojanisches Pferd des Geistes inmitten des physischen Universums…

Als Instrument des Einwirkens auf die Welt ist dein Körper vor allem der Ort, um mit anderen in Verbindung zu treten. Sei es ein bezeichnendes Kopfschütteln oder ein Stirnrunzeln, ein ermutigendes Lächeln oder ein verständnisvolles Augenzwinkern, ein fester Händedruck oder eine lange Liebkosung: Der Körper spricht; durch die Stimme natürlich, im artikulierten Wort, aber auch durch sein ganzes Sein. Es gibt eine Sprache des Körpers, die ihm eigen ist.

Die Ausdrucksform des Geschlechtlichen

In dieser Sprache des Körpers hat auch die Geschlechtlichkeit ihren Platz, der zwar relativ ist, manchmal jedoch entscheidend. In sich selbst, durch ihre Struktur und ihr Funktionieren sind die männlichen und weiblichen Geschlechtsorgane eine Verheißung des Einswerdens und der Fruchtbarkeit. Sie erlauben, eine mögliche Umarmung der Körper und der Herzen ins Auge zu fassen. Sie enthalten keimhaft das Leben, das daraus entstehen kann. Diese beiden Aspekte sind übrigens eng miteinander verbunden, nämlich: die Sexualität als Ort der physischen und geistigen Vereinigung der Personen, und die Sexualität als Kraft, die das Leben erzeugt. Die menschlichen Geschlechtsorgane sind so angeordnet, daß die fleischliche Vereinigung von Angesicht nahegelegt wird, so daß das eine Antlitz bei dem anderen ist (einmalig in der Sexualität der lebenden Geschöpfe). Sie sind in sich Ausdruck einer subjektiven oder vielmehr inter-subjektiven Sprache der Personen. Gleichzeitig aber ist die menschliche Sexualität, wie es auch in der ganzen pflanzlichen und tierischen Natur der Fall ist, objektiv auf die Fortpflanzung hin ausgerichtet. Der ganze komplizierte Vorgang der Erzeugung des männlichen Spermas und der ganze weibliche Zyklus mit seinem Arsenal an Hormonen und schließlich die ganze Physiologie des Aktes der Vereinigung —, all das drückt beim Menschen wie auch bei den anderen Lebewesen den unzerstörbaren Erfindungsreichtum der Natur aus, die die biologische Befruchtung ermöglichen und die Weitergabe des Lebens garantieren will. Diese objektive Sprache der Körper und ihrer Begegnung ist ebenfalls ohne jeden Zweifel ein Teil der menschlichen Sexualität. Die Fähigkeit des Zeugens wie auch die Möglichkeit, Zärtlichkeit und Freude zu schenken, drücken die Größe und Würde des Körpers aus als einer Kraft zur Vereinigung.

Die Schwerfälligkeit und Undurchsichtigkeit des Körpers

Der Körper kennt aber auch seine Beschwerden und seine Hinfälligkeit, wenn sich eine oberflächliche Reklame auch bemüht, es uns vergessen zu lassen. Der Körper ist zwar die Möglichkeit des Sich-Mitteilens, der Ort des Austauschs, aber auch ein Faktor der Isolierung und der Undurchdringlichkeit. Jeder ist in gewissem Sinn durch seinen Körper in sich selbst eingeschlossen. Ich bin ich. Und du bist du. Es gibt eine undurchdringliche Distanz in unseren Körpern. Was verbirgt sich hinter diesem oder jenem Antlitz? Welche Lüge steckt vielleicht in diesem Wort oder in jener Geste? Selbst in der geschlechtlichen Vereinigung können die Partner einander im Tiefsten letztlich fremd sein.

Dein Körper ermöglicht dir, auf die Welt einzuwirken und sie umzuwandeln, aber er macht dich auch empfänglich für Krankheiten und Leiden und führt dich unausweichlich zur Prüfung des Todes hin. Der Tag wird kommen, an dem deine Kräfte dich verlassen und der Körper dir den Dienst versagt. Der Körper ist Aktion, aber er ist auch Passivität und Passion.

Die Anarchie des sexuellen Instinktes

Im übrigen, wie wäre es möglich, daß du nicht erschüttert wärest beim Anblick von so viel Elend des menschlichen Körpers: unheilbare Krankheiten, monstruöse Mißbildungen, körperliche oder schwere geistige Behinderungen usw. Arme, elende Körper! Selbst in dieser Kraft der Liebe, der Sinnenfreude und des Lebens, die die Sexualität ist, gibt es dunkle Seiten, die an den Tod denken lassen, den sie ja durch die Fortpflanzung heraufbeschwört. Im sexuellen Antrieb drückt sich eine Kraft aus, die glücklicherweise jenseits der nüchternen Klarheit des Bewußtseins liegt. Dadurch wird es der geschlechtlichen Liebe ermöglicht, eine vitale Umarmung zu sein, eine Ekstase der Herzen und der

Körper. Der Antrieb des Instinktes birgt in sich aber auch eine blinde Gewalt, eine anarchische Zügellosigkeit, die an tierhafte Wildheit denken läßt und eine tödliche Bedrohung in sich birgt.

Zwischen Verfall und Herrlichkeit: unser gegenwärtiger Leib

Weniger noch als jeder andere Mensch kann der Christ dieser Zwiespältigkeit des Körpers gleichgültig gegenüberstehen. Er weiß ja, daß der Körper, so wie er ihn jetzt erfährt, sich nicht in seiner endgültigen Wahrheit befindet. Wir sind jetzt nichts als der Schatten dessen, was wir bei der Auferstehung sein werden. Im übrigen gehören wir mit allem, was wir sind, einschließlich unseres Körpers, einem zerbrochenen Universum an, einer «der Nichtigkeit unterworfenen Schöpfung», wie der hl. Paulus es sagt (Röm 8,20). Wir kennen nicht mehr die ursprüngliche Unversehrtheit und Harmonie, welche Adam und Eva vor dem Fall besaßen; und wir kennen noch nicht die Herrlichkeit der neuen Welt.[2] Der Körper und die geschlechtliche Verschiedenheit von Mann und Frau sind ohne Zweifel im ursprünglichen Schöpfungsplan von Gott vorgesehen und haben die Bestimmung, für immer zu bleiben. Für die ganze Ewigkeit sind wir fleischliche Wesen, Männer und Frauen. In der gegenwärtigen Daseinsform unseres Körpers und in der gegenwärtigen Ausübung der Geschlechtlichkeit finden sich jedoch Komponenten, die an die gefallene Welt gebunden sind, in der wir uns befinden. Sie werden am Tag der Auferstehung vergehen, und vielleicht gab es sie auch nicht in der menschlichen Existenz vor dem Sündenfall. Sagt Jesus nicht selbst, wenn er von der neuen Welt der Auferstehung spricht: «Die aber, die Gott für würdig hält, an jener Welt und an der Auferstehung von den Toten teilzuhaben,

---

2 Über die schwierigen Fragen der christlichen Lehre, über das Ende der Zeit und die Sünde des Anbeginns kannst du die Kapitel 10–12 meines leicht zu verstehenden Buches: «Les raisons de croire», Paris, Communio, Fayard 1987, lesen.

werden dann nicht mehr heiraten. Sie können auch nicht mehr sterben, weil sie den Engeln gleich geworden sind» (Lk 20, 35-36)? Dies bedeutet nicht, daß wir im ewigen Leben keinen Körper mehr haben und nicht mehr Mann und Frau sein werden, sondern damit wird ganz einfach gesagt, daß wir, da wir dann nicht mehr vom Tode bedroht sind, ihm nicht mehr durch sexuelle Fortpflanzung entgegenwirken müssen.[3] Kurz, ein Jünger Jesu wird ein ausgeprägtes Gespür haben für die Tatsache, daß in der gegenwärtigen Welt der Körper und das Geschlechtliche, wenn sie auch im Tiefsten gut sind, sich doch von einer gewissen Zwiespältigkeit gezeichnet sehen. Darum habe ich diesem ersten Absatz den Titel gegeben: *«Herrlichkeit und Elend des Leibes»*.

Und dennoch ist es dieser Körper, der, dem christlichen Glauben zufolge, von Gott zur Herrlichkeit bestimmt ist, dem Gott schon von jetzt ab eine unvergleichliche Würde gibt, bis hin zum sexuellen Bereich. Dies wollen wir nun gemeinsam betrachten.

Das Christentum, eine Religion des Körpers

Die positive christliche Sicht vom Leibe

Man beschuldigt manchmal die Kirche, den Körper geringschätzig zu behandeln und das Geschlechtliche zu verachten. Gewiß, «Ausrutscher» sind immer möglich, und es kommt vor, daß pessi-

3 Etwas darüber auszusagen, wie der menschliche Körper und die Sexualität vor der Ursünde beschaffen waren, bereitet noch größere Schwierigkeiten, und außerdem ist es nicht unsere Aufgabe, uns an dieser Stelle damit zu befassen. Sicher ist, daß vom Anbeginn an die Menschheit als «Mann und Frau» geschaffen und zur Fruchtbarkeit berufen worden ist (s. Gen 1, 27-28); es ist jedoch nützlich zu wissen, daß manche Theologen in früherer Zeit die Hypothese aufgestellt haben, daß die Menschheit sich bei der Lebensweise des Anfangs auf eine andere Weise vermehrt hätte als durch die geschlechtliche Fortpflanzung, wie es die jungfräuliche Empfängnis und Geburt des neuen Menschen, Jesus, erahnen läßt.

mistische Geister in der gegenwärtigen Zwiespältigkeit des Körpers und der Sexualität nichts anderes als die negativen Züge sehen. Im wesentlichen aber vermittelt die Kirche Jesu den in der gesamten Menschheitsgeschichte positivsten Aspekt der fleischlichen Daseinsweise des Menschen.

Gott hat einen Leib!

Als Christen wissen wir, daß in Jesus Gott selbst für alle Ewigkeit einen Körper hat; denn Jesus ist der Sohn Gottes, der Fleisch angenommen hat, das Ewige Kind des Vaters, der in unserer Geschichtlichkeit Mensch geworden ist. Der Körper Jesu ist also wirklich *der Körper Gottes.* Welch eine explosive Kraft und Kühnheit liegt doch im christlichen Glauben, in dieser Religion der *Inkarnation*: Es gibt einen menschlichen Körper, den Körper Jesu, der der fleischgewordene Körper einer göttlichen Person ist!

Maria, die Mutter des fleischgewordenen

Wie jeder menschliche Körper wurde auch der Körper Jesu *von einer Frau geboren,* von Maria aus Nazareth, der Braut des Josef; denn für Jesus als wahrem Menschen war es nötig, von einem weiblichen Körper geboren zu werden, als wahrer Gott aber konnte er keinen anderen Vater haben als Gott selbst, den er übrigens auf einzigartige Weise «seinen Vater» nennt. Es besteht jedoch die Tatsache, daß die Kirche in Maria die wahre Mutter Jesu verehrt und folglich — da Jesus wahrhaft Gott ist — die Mutter Gottes. Dies ist die zweite Kühnheit dieser Religion des Körpers, die das Christentum ist: Es gibt eine Frau uns unserem Stamm, die in ihrem Körper sowohl wahrhaft Jungfrau als auch wahrhaft Mutter ist, die den menschlichen Körper Gottes getragen und wahrhaft das fleischgewordene Ewige Wort geboren hat, den fleischgewordenen Gottessohn.

Der Leib Jesu, welcher heilt

Weil der Körper Jesu der menschliche Körper Gottes ist, ist er die Quelle der *Heilung und der Herrlichkeit für die ganze Menschheit.* Die Volksmengen täuschten sich nicht, als sie während seines irdischen Lebens zu ihm hinströmten und ihn zu berühren suchten, da eine Kraft von ihm ausging, die alle heilte (s. Lk 6,19).

Der gedemütigte und verherrlichte Leib

Hat er nicht auch in seinem fleischlichen Leib, der verhöhnt, gegeißelt, gekreuzigt und durchbohrt wurde, unsere Sünden auf das Kreuz hinaufgetragen, wie der heilige Petrus es sagt, damit wir, unseren Sünden abgestorben, für die Heiligkeit leben, da wir geheilt sind durch seine Wunden? (s. 1Petr 2,24). Und ist es nicht dieser Leib Jesu, der aus der Jungfrau Maria geboren und am Kreuze gepeinigt wurde, den der Vater am dritten Tage auferweckt hat und der damit den Endzustand des Menschen offenbar werden ließ, nämlich sein Leben in Herrlichkeit? Dies ist die dritte Kühnheit der christlichen Religion von der Inkarnation: In seinem gekreuzigten Leib hat Jesus, der menschgewordene Gottessohn, die ganze Last unserer Sünden und unseres Todes getragen, und in seinem verherrlichten Leib hat er darüber triumphiert und wurde der Erstling des unvergänglichen Lebens in der neuen Welt.

Der in der Eucharistie wahrhaft gegenwärtige Leib

Jetzt darfst du aber nur ja nicht glauben, daß der Leib Jesu seit seiner Auferstehung und Himmelfahrt irgendwo in den Himmeln umherschwebt und unseren gegenwärtigen menschlichen Daseinsbedingungen fremd geworden sei. Nein! Wenn der Leib Jesu auch der neuen Welt der Auferstehung angehört, so bleibt er dir doch zugänglich *in der Eucharistie, die die Kirche dir darbietet.* Wenn du die eucharistische Hostie in dich aufnimmst, dann nimmst du den Leib Gottes auf, dann hast du Anteil am Leib dessen, der deine Sünden zum Kreuz hinaufgetragen hat. Und wenn du den eucharistischen Wein trinkst, dann trinkst du das Blut Jesu, das aus seinen Händen geflossen ist und aus seinen Füßen und aus seiner durchbohrten Seite. Wenn du die

Eucharistie empfängst, dann empfängst du den Leib der Herrlichkeit deines auferstandenen Herrn. Und wenn du das ausgesetzte Allerheiligste Altarssakrament anbetest, dann betest du den allerheiligsten Leib des Erstgeborenen unter den Toten an, den Leib dessen, der dich eines Tages in diesen neuen Himmel und in diese neue Erde aufnehmen wird, die in ihm bereits ihren Anfang nahmen am Ostertag. Man muß die Kühnheit haben, daran zu glauben! Dies ist die vierte christliche Bombe, die ich vor dir zur Explosion bringen möchte.

Die Herrlichkeit deines Leibes

Es gibt auch noch eine fünfte, und sie ist nicht die unbedeutendste. Seit deiner Taufe bist du selbst in das Leben Jesu *miteinbezogen,* und du hast die Verheißung — wenn du es so willst — der gleichen Verklärung. Schon jetzt ist dein fleischlicher Leib ein Tempel, in dem die drei göttlichen Personen Wohnung genommen haben. Wie groß ist daher die Würde deines Leibes, sogar in der Niedrigkeit und Zwiespältigkeit seiner gegenwärtigen Daseinsform! Dein Leib, in dem der heilige Geist des Vaters und Jesu seine Wohnstatt genommen hat, dein Leib, der mit dem auferstandenen Leib des Herrn genährt wird, *dein Leib, der für die Herrlichkeit geschaffen wurde…* Du selbst bis ja zur *Auferstehung* bestimmt, in welcher der auferstandene Jesus dir vorangegangen ist. Gott hat deinen Leib nicht für die Verwesung im Grabe geschaffen, nicht für den Staub des Todes. Er hat ihn auch nicht für die trostlose Anonymität einer Folge von Wiedergeburten geschaffen. Nein, er hat deinen dir eigenen Leib geschaffen, diesen deinen einmaligen Leib, für das Leben, das kein Ende hat. Wer spricht außerhalb der Kirche eine so kühne Sprache über die unendliche Würde und die Bestimmung des menschlichen Leibes für die Ewigkeit? Hatte ich nicht recht, diesem ersten Teil unserer Überlegungen den Titel zu geben: *Jesus und dein Leib der Herrlichkeit?*

Und die Sexualität?

In dieser so überaus großen christlichen Würde des Leibes hat das Geschlechtliche einen bedeutenden Platz. Davon werden wir uns überzeugen, wenn wir jetzt zum zweiten Teil unserer Abhandlung übergehen: Jesus und die menschliche Liebe. Danach werden wir in der Lage sein, gemeinsam die Probleme zu untersuchen, die sich dem Christen, wie auch jedem Menschen, stellen in all dem, was den sexuellen Bereich des Lebens betrifft.

Jesus und die menschliche Liebe

Im ersten Teil haben wir gesehen, welche Würde Jesus unserem fleischlichen Leib zuerkennt und ihm verleiht. Ist dies auch der Fall bei der sexuellen Dimension unserer Person und bei all den Realitäten, die die menschliche Liebe betreffen?

«Christus hat die Kirche geliebt» (Eph 5,25)

«Als Mann und Frau erschuf er sie»

Die ganze Bibel spricht vom Segen Gottes, der auf der menschlichen Liebe ruht und damit auf der Sexualität. Wird nicht schon im ersten Kapitel der Genesis gesagt. «Gott schuf den Menschen nach seinem Bilde, nach dem Bilde Gottes schuf er ihn, als Mann und Frau schuf er sie» (Gen 1,27)? Wie du siehst, ist die geschlechtliche Verschiedenheit von Mann und Frau in der Erschaffung des Menschen nach dem Bilde Gottes begründet! Daraus folgt, daß durch die sexuelle Liebe hindurch, mit ihrer Fruchtbarkeit im Kinde, das deren Frucht ist, Mann und Frau ein Einssein leben, das dem Einssein Gottes ähnlich ist, das er im Inneren seiner selbst als Dreifaltigkeit lebt.

Ein Liebesgedicht in der Bibel

Im Alten Testament wird ein ganzes Buch der Huldigung der Liebe gewidmet, einer Liebe, die ganz von Sehnsucht erfüllt ist und von Wohlgefallen aneinander, die Mann und Frau miteinander eins sein läßt. Dieses Gedicht der Liebe, in welchem zum großen Teil sogar eine regelrechte Erotik ihren

Ausdruck findet, ist Teil der biblischen Offenbarung, d.h. des Wortes Gottes an die Menschheit: es ist das *Hohelied*. In einem der bekanntesten Abschnitte lesen wir:

> «Ich gehöre meinem Geliebten,
> und ihn verlangt nach mir.
> Komm, mein Geliebter, wandern wir auf das Land,
> schlafen wir in den Dörfern.
> Früh wollen wir dann zu den Weinbergen gehen
> und sehen, ob der Weinstock schon treibt,
> ob die Rebenblüte sich öffnet,
> ob die Granatbäume blühen.
> Dort schenke ich dir meine Liebe.» (Hld 7, 11-13)

Haben wir hier nicht den poetischen Kommentar von dem, was schon die Genesis ausdrückte, als sie sagte: «Darum verläßt der Mann Vater und Mutter und bindet sich an seine Frau, und sie werden *ein* Fleisch.» (Gen 2,24)?

Die Liebesehe Jesu

Jesus selbst hat die eheliche Liebe gesegnet, nicht nur durch seine Gegenwart bei der Hochzeit zu Kana (s. Joh 2, 1-12) und seine strikte Ablehnung der Ehescheidung und Wiederverheiratung (s. Mk 10, 1-12), sondern auch, indem er selbst die größte Liebesehe der ganzen Menschheitsgeschichte lebte.

Versteh mich nicht falsch. Ich weiß genau so gut wie du, daß Jesus jungfräulich geblieben ist, daß er nicht geheiratet hat. Das Gegenteil wäre übrigens undenkbar. Wie hätte auch der menschgewordene Sohn Gottes, der für das Heil aller auf die Erde gekommen ist, sich auf ausschließliche Weise an eine bestimmte Person binden können? Gerade die Liebe aber, in der Jesus sich hingibt, in der er sich der Menschheit ausliefert, wird im Neuen Testament als eine wahre eheliche Verbindung gesehen.

«Für immer werde ich mich dir vermählen»

Schon das Alte Testament hatte die Liebe Jahwes zu seinem Volk in den Bildern der ehelichen Vereinigung des Gatten mit der Gattin ausgedrückt: «Ich traue mich dir an auf ewig, ich traue mich dir an um den Brautpreis von Gerechtigkeit und Recht, von Liebe und Erbarmen. Ich traue mich dir an um den Brautpreis meiner Treue, dann wirst du den Herrn erkennen» (Hos 2, 21-22). Dieser Tradition folgend hat der heilige Paulus die Liebe Christi zu seiner Kirche auf die gleiche Weise verstanden. Er schreibt: «Ihr Männer, liebt eure Frauen, wie Christus die Kirche geliebt und sich für sie hingegeben hat, um sie im Wasser und durch das Wort rein und heilig zu machen. So will er die Kirche herrlich vor sich erscheinen lassen, ohne Flecken, Falten oder andere Fehler; heilig soll sie sein und makellos» (Eph 5, 25-27).

Die Kirche, das ist «Jemand»!

Um den Sinn dieses Textes richtig zu verstehen — er wird oft bei Hochzeitsmessen gelesen —, mußt du dir ganz klar vor Augen halten, daß die Kirche für Jesus nicht das ist, was die Leute sich manchmal darunter vorstellen, nämlich eine anonyme Organisation und Institution, ein «Apparat», wie General de Gaulle sich ausgedrückt hätte. Für Jesus ist die Kirche ein Jemand, sind es wir alle, sind es all jene Glieder der Menschheit, die seine Liebe aufnehmen und ihr entsprechen; für ihn ist sie die vielgeliebte Partnerin seiner zärtlichen Liebe zu allem, was geschaffen ist. Darum wird die Kirche in ihrer tiefsten Realität in einer lebenden Person gesehen, in einer Frau, der Jungfrau Maria.

Die Kirche ist die Gemahlin Christi

In dieser Perspektive ist der Text des heiligen Paulus von großer Ausdruckskraft. Christus hat die Kirche geliebt und liebt sie, wie nur eine Person eine andere Person lieben kann, wie ein Mann eine Frau lieben kann. Für sie hat er sich hingegeben am Kreuz, und die ganze Menschheitsgeschichte hindurch reinigt und heiligt er sie durch das Wasser der Taufe. Jedesmal, wenn über ein neues Gotteskind die Worte des Taufritus gesprochen werden: «Ich taufe dich im Namen des Vaters und des Sohnes und des Heiligen Geistes», entreißt Jesus ein weiteres Geschöpf der Macht des Bösen und fügt es dieser Gattin bei, die er heilig und unbefleckt haben will, nämlich der Kirche, der wahren Braut seiner Liebe.

Das große Mysterium der Liebe und der Sexualität

Innerhalb dieser Liebe Christi zu seiner Gemahlin, d.h. im Rahmen dieser ehelichen Verbindung zwischen Jesus und uns, die wir die Kirche bilden, ergeht an die Christen der Ruf, der Liebe zwischen Mann und Frau ihren Standort zu geben und von hier her den tiefen Sinn der Sexualität zu begreifen. Nachdem Paulus ein wenig später auf die geheimnisvolle Größe der menschlichen Liebe zu sprechen kommt, fügt er hinzu: «Dies ist ein tiefes Geheimnis; ich beziehe es auf Christus und die Kirche» (Eph 5,32).

Nein, es ist kein Zufall, daß Jesus, der in diese Welt gekommene Gottessohn, als Mann gekommen ist, während die Kirche wesenhaft fraulich ist (die Braut, die Gattin, die Mutter) und sie sich ganz ausgedrückt findet in einer Frau, Maria! Nicht umsonst schuf Gott am Anfang die Menschen als Mann und Frau. Dies alles bedeutet, daß im Denken des Schöpfers die menschliche Liebe einen zentralen Platz einnimmt und daß die eheliche Vereinigung von Mann und Frau untrennbar mit dem höchsten Akt der Liebe in der Geschichte in Zusammenhang steht, nämlich der Liebe Jesu, der am Kreuze sein Blut für das Heil der Menschheit vergoß. Welch eine Perspektive!

Wie liebt Jesus seine Gemahlin?

Vier charakteristische Züge

Vier Wesenszüge charakterisieren die Liebesverbindung zwischen Jesus und uns, seiner Kirche. Wenn du sie recht verstanden haben wirst, dann hast du damit das Wesentliche des christlichen Standpunktes betreffs der Sexualität verstanden.

Eine authentische Hingabe seiner selbst

Die Liebe, die in Jesus wohnt, zeigt sich zunächst *in der Form eines wahren Bundes*. Wer aber von einem Bund spricht, der spricht von der Hingabe seiner selbst an einen anderen. Die Liebe Jesu ist nicht in narzißtischer Weise sich selbst zugewendet. Nach dem Bilde des Ewigen Lebens Gottes, das eine Beziehung der Liebe zwischen den göttlichen Personen ist, liebt Jesus, indem er sich selbst vergißt, indem er sich hingibt. «Christus liebt die Kirche und hat sich für sie hingegeben» (Eph 5,25). An anderer Stelle sagt der heilige Paulus: «Ich lebe im Glauben an den Sohn Gottes, der mich geliebt und sich für mich hingegeben hat» (Gal 2,20).

Eine Liebe des Herzens und des Leibes

Dieser Bund ist gleichzeitig *geistlich und fleischlich*. Der erste Gesichtspunkt ist von großer Bedeutung: Jesus liebt dich mit allen Kräften seines Geistes, mit seinem ganzen Willen und seinem ganzen Herzen, also auf wahrhaft geistliche Weise. Noch wichtiger ist es, darauf hinzuweisen, daß er dich auch auf eine Weise liebt, die wir, ohne dem Worte Gewalt anzutun, als «fleischlich» bezeichnen können, denn um uns ganz zu retten, um den Leib seiner Kirche zu retten, hat er nämlich zugestimmt, daß sein fleischlicher Leib zerrissen wurde —, für dich und für sie.

Die hochzeitliche Begegnung in der Eucharistie

Handelt es sich hier nicht um eine wahrhaft fleischliche Liebe? Wir müssen aber in der christlichen Kühnheit noch weiter gehen. Wenn man gut darüber nachdenkt, erkennt man eine tiefe Übereinstimmung zwischen der Liebe, mit der Christus die Kirche geliebt hat — und die uns nun in der Eucharistie dargeboten wird — und der fleischlichen Liebe zwischen Mann und Frau. In der geschlechtlichen Begegnung kommt nach einer Zeit des Gespräches und des Liebesspiels der Augenblick, wo der Mann in den Schoß der Frau den Samen einsenkt, der aus dem Innersten seines Leibes hervorgegangen ist: Der Augenblick der schweigenden Vereinigung und der Freude aneinander, auf die normalerweise eine Zeit der Ruhe folgt, der einfachen beiderseitigen Gegenwart in gemeinsamem Dank für die gegebene und empfangene Lust und Freude.

Ebenso ist es — im übertragenen Sinne natürlich — in der eucharistischen Begegnung, die eine wahrhaft hochzeitliche ist, zwischen Christus, dem Gatten, und seiner Kirche, der Gattin. Nach einer Zeit des Hörens, nämlich der Liturgie des Wortes, nach dieser Zeit, da man einander nahegekommen ist in der eucharistischen Liturgie, kommt der Augenblick der Vereinigung, der Kommunion. Hier zieht der Herr aus dem tiefsten Inneren seiner Menschheit diesen Samen des Lebens, nämlich seinen eucharistischen Leib: «Dies ist mein Leib, der für euch hingegeben wurde.» Und diesen Samen des Lebens senkt er in unser eigenes Fleisch, er vertraut ihn dem Schoß seiner Kirche an. Es ist der Augenblick der schweigenden Vereinigung, der Freude aneinander, wo die Kirche, d.h. jeder von uns, wie die Gemahlin im Hohenlied flüstern kann: «Ich gehöre meinem Geliebten, und mein Geliebter gehört mir» (Hld 6,3). Sodann kommt die Zeit der Danksagung, der Ruhe beieinander: Jesus in uns, und wir in Jesus, wenn wir ihm für seine Gegenwart danken und versuchen, ihm Liebe für Liebe zu schenken.

Das alles kann dir sehr neu vorkommen, etwas gewagt oder sogar übertrieben. Wenn du aber nicht tiefer und tiefer in diese Sichtweise eintrittst — sie läßt dich zunächst ganz aus der Fassung geraten, ich gebe es zu —, wirst du niemals die ganze Schönheit der Eucharistie verstehen und auch nicht das Wunderbare der christlichen Zielsetzung von Liebe und Sexualität.

Bevor ich fortfahre, möchte ich zusammenfassen: Die in Jesus wohnende Liebe ist *ein wirklicher Bund,* und dieser Bund ist *gleichzeitig geistlich und fleischlich.* Nun bleiben uns noch zwei andere Gesichtspunkte dieser ehelichen Verbindung zwischen Christus und der Kirche zu untersuchen.

«Mit ewiger Liebe habe ich dich geliebt»

Es handelt sich bei ihr um eine unauflösliche und fruchtbare Verbindung. Unauflöslich, denn, was immer wir auch an Untreue, ja sogar an Verrat begehen können, der Herr bleibt unwiderruflich treu. Einmal geschlossen, kann dieser Bund, wenigstens von der Seite Christi her, nicht mehr gebrochen werden. «Auch wenn die Berge von ihrem Platz weichen und die Hügel zu wanken beginnen — meine Huld wird nie von dir weichen und der Bund meines Friedens nicht wanken, spricht der Herr» (Jes 54,10). «Bis zum Ende habe ich dich geliebt» (s. Joh 13,1).

Eine großmütige und fruchtbare Liebe

Von unauflöslicher Treue, ist die Verbindung von Christus und der Kirche schließlich auch fruchtbar, ist sie Quelle des Lebens. Aus dieser Liebe sind wir alle als Christen zum neuen Leben des Gottesreiches geboren worden. Daher nennen wir die Kirche oft «unsere Mutter, die heilige Kirche» und drücken damit aus, daß all die unzählbaren Getauften Kinder dieser Liebe sind, die freigebig hervorgebrachte Frucht der auf dem Kreuze vollzogenen Hochzeit zwischen Jesus und seiner Kirche, die in der Eucharistie ihre Vollendung hat.

Nun sind wir an dem Punkte angelangt, dir auf all die ganz konkreten Fragen antworten zu können, die du dir betreffs des sexuellen Lebens stellst. Wir haben gesehen, welch großen Wert Jesus unserem Körper aus Fleisch beimißt. Dies war unsere erste Stufe: *Jesus und dein Leib der Herrlichkeit.* Sodann haben wir das Licht aufgenommen, in welchem Jesus die Sexualität des Menschen sieht, wenn er von seiner eigenen Liebesverbindung mit der Kirche ausgeht. Das war unsere zweite Stufe: *Jesus und die menschliche Liebe.* In diesem Rahmen wird es uns jetzt möglich sein, eines nach dem anderen, in logischer Reihenfolge, die mit der Sexualität zusammenhängenden sittlichen Probleme zu behandeln. Jedesmal wirst du feststellen können, wie sehr die spezifisch christlichen Anforderungen auf diesem Gebiet mit jenen Leitsätzen übereinstimmen, die allein schon unsere Menschenwürde von uns verlangt. Nun wollen wir uns also der dritten Stufe zuwenden: *Jesus und die Probleme des sexuellen Lebens.*

Jesus und die Probleme des sexuellen Lebens

An Stelle eines Plans

Auf der vorhergehenden Stufe haben wir gesehen, wie die von Jesus gelebte menschliche Liebe die folgenden Wesensmerkmale zeigt: 1) *ein wirklicher Bund;* 2) *ein sowohl geistlicher als auch fleischlicher Bund;* 3) *ein unauflöslicher Bund;* 4) *ein fruchtbarer Bund.*

1) Bezugnehmend auf das erste Wesensmerkmal (ein wirklicher Bund) werden wir von der *Masturbation, der Homosexualität* und den *außerehelichen und vorehelichen Beziehungen* sprechen.

2) Bezugnehmend auf das zweite Wesensmerkmal (ein sowohl geistlicher als auch fleischlicher Bund) werden wir einerseits die *Pornographie* und die *Prostitution* behandeln und andererseits die *künstliche Befruchtung* und die *Befruchtung «in vitro».*

3) Bezugnehmend auf das dritte Wesensmerkmal (ein unauflöslicher Bund) werden wir jene Fragen untersuchen, die sich mit der *Ehescheidung* und der *Wiederverheiratung Geschiedener* befassen.

4) Bezugnehmend auf das vierte Wesensmerkmal (ein fruchtbarer Bund) behandeln wir sodann die Probleme der *Empfängnisverhütung* und der *Abtreibung.*

1. *Die Achtung des Bundes*

Die Masturbation

Eine egoistische Abkapselung in sich selbst

Die Masturbation besteht darin, sich selbst, allein, sexuelle Lust zu verschaffen durch willentliche Erregung der Geschlechtsteile. Von ihrer Natur her widerspricht die Masturbation dem christlichen Sinn der Sexualität als eines Bundes der Liebe. In ihr ist nichts zu finden von dem gegenseitigen fruchtbaren Sich-Verschenken Christi und der Kirche. Hier ist die Ausübung der Geschlechtskraft jeder echten Beziehung zu einem Partner beraubt, weil der Einzelne sich in seiner eigenen Lustempfindung in sich selbst verschließt. Es ist übrigens eine bekannte Tatsache, daß die Masturbation sich auf einfach menschlicher und psychologischer Ebene vor allem in der narzißtischen Phase des heranwachsenden Alters einstellt, oder wenn Mißerfolge und Leiden, mit denen man nicht fertig wird, den einzelnen dazu führen, sich in sich selbst zu verschließen. Da die Masturbation eine die Wahrheit der Liebe entbehrende Verhaltensweise ist, läßt sie übrigens in den meisten Fällen den, der sich ihr hingibt, unbefriedigt. Sie führt in die Leere, wenn nicht zum Ekel.

Nicht das gut nennen, was schlecht ist

Du mußt den Mut haben, zu denken und es auch auszusprechen, daß die Masturbation ein Übel ist. Häufig wirst du Argumente hören, die dir einreden wollen, daß es sich dabei doch um ein inoffensives Verhalten handele, das ebenso harmlos sei wie zu trinken, zu essen oder zu schwitzen. Diese falschen Ansichten mußt du zu widerlegen wissen.

Die Trugschlüsse entlarven

Man sagt zum Beispiel: Wenn ein junger Bursche nicht masturbiert, so wird er sich doch auf jeden Fall durch nächtliche Pollution der überschüssigen Spermen entledigen. Warum soll man also nicht selbst das tun, was die Natur ja bereits von sich aus vorgesehen hat, wenn die Spannung zu groß wird?

Aber es ist nicht immer gut, mit seiner Freiheit das zu tun, was die biologische Natur spontan realisiert. Eine unbewußte nächtliche Ejakulation beinhaltet keinerlei psychologische oder spirituelle Abkapselung in sich selbst, sie hat keine sittliche Tragweite; während die willentlich herbeigeführte Masturbation zusammen mit den Phantasievorstellungen, die sie gewöhnlich begleiten, eine egoistische Handlungsweise ist, die die Seele trübt und das Herz verwirrt.

Ist die Masturbation normal?

Außerdem wird gesagt: Die Masturbation ist ein ganz normales Phänomen, das an die psychologische Reifung der Person gebunden ist oder an eine Phase der Frustration. Hier ist es von Bedeutung, sich über den Sinn des Wortes «normal» einig zu werden. Wenn man darunter versteht, daß die Masturbation ein häufiges Phänomen ist und daher in den statistischen «Normen» erscheint, einverstanden. Seit wann aber wird das sittliche Urteil auf Tatsachen aufgebaut, die durch die Statistiken festgehalten sind? Wirst du aufhören zu sagen, daß die Ungerechtigkeit ein Übel und die Gerechtigkeit die wahre «Norm» des sozialen Lebens ist, weil die Statistiken die Tatsache belegen, daß die Ungerechtigkeit oft in der Welt dominiert? Ebenso ist es auch hier. Ungeachtet ihrer tatsächlichen Häufigkeit entspricht die Verhaltensweise des Masturbierens nicht der wahren Richtschnur, der authentischen «Norm» der menschlichen Sexualität, und in diesem Sinne ist sie absolut nicht «normal». Übrigens bringt eine Minderheit von Jugendlichen es sehr gut fertig, sich ihrer zu enthalten, und diese Minderheit besteht keineswegs aus Verklemmten!

Mildernde Umstände

Die Masturbation ist also in sich, objektiv betrachtet, eine ernst zu nehmende Unordnung, die auf schwerwiegende Weise dem menschlichen und christlichen Sinn der Sexualität und Liebe widerspricht. Es ist indessen wahr, daß die schwerwiegende Bedeutung einer solchen Verhaltensweise auf der Ebene der gelebten Erfahrung, d.h. unter subjektivem Gesichtspunkt, manchmal durch die Umstände gemildert wird, wie vor allem das heranwachsende Alter oder der Zeitraum einer depressiven Phase. Der Mangel an seelischer Reife, die innere Orientierungslosigkeit und die Macht der Gewohnheit können die persönliche Verantwortlichkeit verringern. In solchen Fällen kann von Schuld zwar nicht freigesprochen werden, aber es ist auch nicht gerade ein Drama daraus zu machen. Während aber früher die Neigung groß war, in diesem Bereiche von außerordentlich schwerer Verfehlung zu sprechen, so ausgeprägt ist sie heute, das Problem als etwas Bedeutungsloses anzusehen, so als ob es ebenso harmlos und unschuldig sei, zu masturbieren als sich die Nase zu putzen.

Der Lüge widerstehen

Jesus sagt, daß «der Satan ein Lügner ist und der Vater der Lüge» (Joh 8,44). Ja, der Versucher täuscht und verführt viele Jugendliche — sogar christliche —, indem er ihnen einredet, daß die Masturbation keine Sünde ist. Gewiß, sie ist nicht die schwerste Sünde, die du begehen kannst. Nichtsdestoweniger macht sie dich zum Sklaven; sie gewöhnt dich an eine egoistische und unverzüglich gehandhabte Form der Sexualität und erstickt in dir das spirituelle Leben.

Sich durch ein hingegebenes Leben befreien

Wie kannst du dich jedoch von ihr befreien, falls du unglücklicherweise ihr Gefangener bist? Es gibt selbstverständlich allgemeingültige Regeln, die die Gesamtheit der Sexualmoral betreffen; davon werde ich auf der vierten Stufe unserer Überlegungen sprechen, die den Titel trägt: Jesus und die Heiligung deines Körpers. Auf spezifische Weise aber, indem ich mich jetzt nur auf die Frage der Masturbation als solcher beschränke, weise ich darauf hin, — und das versteht sich von selbst —, daß das Heilmittel das Gegenteil des Übels ist. Die Masturbation besteht in einem Sich-Abkapseln in sich selbst. Du wirst also dabei mitwirken, dich von ihr zu befreien, wenn du in deinem Leben alle diejenigen Verhaltensweisen entwickelst, die dich von dir selbst loslösen und dich öffnen für Gott, für die Welt, für die anderen und für deine Aufgaben. Alles, was geeignet ist, den Sinn für die Arbeit zu stärken, für den Einsatz deiner Person und für die Beziehungen zu anderen, wird dir eine große Hilfe sein. Im übrigen wird ein geregeltes, ausgeglichenes Leben, wobei man weder zuviel noch zu wenig schläft, in welchem der Entspannung und dem Sport ein angemessener Raum gewährt wird, dich davon befreien, zur geschlechtlichen Erregung Zuflucht zu nehmen als eines Beruhigungs- oder Schlafmittels. Was indessen vorübergehende Schwachheiten betrifft oder ein unklar empfundenes Einverständnis mit spontaner Erregung, die du etwa empfinden kannst, besonders in Zeiten der Ermüdung oder der Angst, so vertraue sie der Barmherzigkeit Gottes an.

Die Homosexualität

Echte und falsche Homosexuelle

Die Homosexualität besteht in einer sexuellen Verhaltensweise, die infolge einer erotischen Anziehung auftritt, die sich mit Vorliebe, manchmal aber auch ausschließlich, den Personen des gleichen Geschlechtes zuwendet. Es ist ein Unterschied zu machen zwischen wahren und falschen Homosexuellen. Der wahre Homosexuelle empfindet eine dauerhafte und oft nicht mehr rückgängig zu machende Anziehung zu Personen des eigenen Geschlechtes, die von einer gewissen erotischen Indifferenz gegenüber Personen des anderen Geschlechtes begleitet ist. Der unechte Homosexuelle ergibt sich nur vorübergehend einer homosexuellen Verhaltensweise, z.B. während der Adoleszenz oder während eines längeren, sehr geschlossenen

Internatsaufenthaltes zusammen mit Personen des gleichen Geschlechtes.

Nicht die Neigung mit der Ausübung verwechseln

Bilde dir also nicht allzu schnell ein, ein Homosexueller zu «sein», wenn du evtl. eine gewisse Zwiespältigkeit in deinen sexuellen Neigungen verspürst. Es kann sich dabei um eine Zwiespältigkeit handeln, die an ein bestimmtes Stadium deiner Entwicklung gebunden ist, oder um die Tatsache, daß du noch nicht die Gelegenheit hattest, eine dauerhafte Beziehung der Liebe herzustellen. Es besteht außerdem ein großer Unterschied zwischen einer Neigung, die du nur innerlich empfindest, und einer solchen, die du durch entsprechende Handlungen befriedigst. Wenn du eine homosexuelle Neigung verspürst, ohne jemals zu homosexuellen Praktiken zu schreiten, dann ist die Wahrscheinlichkeit groß, daß diese Tendenz in dir weder unumkehrbar noch sehr tiefsitzend ist. Sie ist eine unangenehme Angelegenheit, aber kein schweres Handikap. Wenn du aber einer solchen, an sich vielleicht vorübergehenden Neigung nachgibst, dann läufst du Gefahr, dich fest an sie zu binden, so daß du dann der Homosexualität nicht mehr entrinnen kannst.

Wohl unterscheiden zwischen dem Verhalten und der Person

Wenn du jetzt die Homosexualität sittlich bewerten willst, so mußt du wohl zu unterscheiden wissen zwischen den Homosexuellen als Menschen und der Verhaltensweise der Homosexuellen. Der heilige Augustinus sagte: «Gott verabscheut die Sünde, aber er liebt die Sünder.» So ist auch die Heilige Schrift — die das Wort Gottes ist — und also auch die Lehre der Kirche, sehr streng in Bezug auf die homosexuelle Verhaltensweise; gleichzeitig aber empfiehlt sie in den betreffs dieser Materie kürzlich von Rom erlassenen Instruktionen ein großes Verständnis gegenüber den Homosexuellen. Diese haben um so mehr ein Recht auf Achtung und Freundschaft ihrer Glaubensbrüder, als da es sich häufig um Personen handelt, die unter ihrer Situation sehr stark leiden, wie auch an den Folgen, die diese nach sich zieht.

Eine Liebe ohne wahre Ergänzung und Fruchtbarkeit

Was indes das objektive Verhalten betrifft, so wird es aus christlicher Sicht ganz entschieden als negativ beurteilt, und das ist ohne weiteres zu verstehen. Vom christlichen Standpunkt aus ist die authentische fleischliche Liebe ein Abbild der ehelichen Verbindung, in der Christus, ein Mann, sich der Kirche, der Frau, gibt, um in ihr das neue Leben der Kinder Gottes zu zeugen. Es handelt sich um die innigste Vereinigung («Ich in euch und ihr in mir») in der größtmöglichen Verschiedenheit (hier der Herr und dort sein Geschöpf), im Hinblick auf eine großmütige Fruchtbarkeit (das unzählbare Gottesvolk). Objektiv gesehen, widerspricht nun die homosexuelle Verhaltensweise dieser Struktur der christlichen Liebe: sie leugnet die innere Polarität in der Liebe, nämlich den Unterschied der Geschlechter und damit gleichzeitig die Fruchtbarkeit. Es ist im übrigen allgemein bekannt, daß die Homosexualität, sogar auf rein menschlicher und psychologischer Ebene, eine Fixierung des sexuellen Instinktes bedeutet oder sogar seine Regression zu einem unvollständigen Entwicklungsstadium. Dies führt dazu, daß die homosexuelle Beziehung sich sozusagen im Kreise dreht, oft in einem gewitterschwülen affektiven Klima, weil nämlich die Ergänzung in der Verschiedenartigkeit fehlt, wie auch eine authentische Fruchtbarkeit. Der Homosexuelle liebt zwar eine andere Person, aber diese Person ist keine Ergänzung, da sie dem gleichen Geschlecht angehört, und weil die eingegangene Verbindung nicht zu einem dritten «anderen» führen kann, nämlich dem Kind.

Die «homosexuelle Kultur» als Ablehnung Gottes

Das christliche Denken ist äußerst streng in der Beurteilung dessen, was wir die «homosexuelle Kultur» nennen könnten, in der nämlich der entschiedene Wille zum Ausdruck kommt, die

Homosexualität zu rechtfertigen und sie sogar zu verherrlichen. Die Tatsache nämlich, daß einer von uns niemals allein die ganze Menschheit repräsentiert, sondern daß wir entweder nur Mann oder nur Frau sind, ohne es selbst gewählt zu haben, gehört zu unserer geschöpflichen Daseinsweise im Angesichte Gottes. Diejenigen, die eine homosexuelle Kultur propagieren, streben auf diese Weise danach, eine souveräne Herrschaft des Menschen über seine fleischliche Daseinsweise zu bekunden und sich als Rivalen der väterlichen Allmacht Gottes entgegenzustellen. In diesem Zusammenhang sieht der heilige Paulus in einem berühmten Texte die homosexuelle Kultur an die Ablehnung Gottes und den Götzendienst gebunden:

> «Darum lieferte Gott sie durch die Begierden ihres Herzens der Unreinheit aus, so daß sie ihren Leib durch ihr eigenes Tun entehrten. Sie vertauschten die Wahrheit Gottes mit der Lüge, sie beteten das Geschöpf an und verehrten es an Stelle des Schöpfers — gepriesen sei er in Ewigkeit. Amen.
>
> Darum lieferte Gott sie entehrenden Leidenschaften aus: Ihre Frauen vertauschten den natürlichen Verkehr mit dem widernatürlichen; ebenso gaben die Männer den natürlichen Verkehr mit der Frau auf und entbrannten in Begierde zueinander; Männer trieben mit Männern Unzucht und erhielten den ihnen gebührenden Lohn für ihre Verirrung» (Röm 1, 24-27).

Die homosexuelle Neigung ist keine Sünde

Was ist aber von denen zu sagen, die aufrichtig nach dem Guten verlangen und sogar zutiefst christlich sind, die aber in ihrem Inneren eine vom Willen unabhängige und dauerhafte homosexuelle Neigung verspüren? Von größter Wichtigkeit ist hier die Unterscheidung der Tendenz von dem Akte selbst. Ein homosexueller Akt, anders ausgedrückt eine homosexuelle Verhaltensweise, ist in sich immer eine schwere sittliche Verfehlung. Die bloße Neigung aber betrifft, da sie eine gegebene, nicht vom Willen abhängige Tatsache ist, nicht die Moral und ist keine Sünde. Die homosexuelle Neigung ist eine oft qualvolle anormale Situation, aber sie ist als solche nicht mit Schuld beladen. Sowohl für den Homosexuellen wie auch für den Heterosexuellen hängt im Bereich der Moral alles von dem freien Gebrauch ab, den man von seinen spontanen Neigungen macht, seien sie normal oder abwegig.

Sie rechtfertigt jedoch nicht ein homosexuelles Verhalten

Vielleicht wirst du aber noch weiter fragen: «Der Homosexuelle ist nun einmal so; es entspricht seiner Natur, so zu sein; warum sollte er seiner Natur nicht folgen dürfen?» Der Einwand scheint nicht unberechtigt zu sein, aber er hält nicht stand; denn in der Ethik hängt alles zuerst vom objektiven Wert des Verhaltens ab, wie immer die Neigungen auch beschaffen sind. Das homosexuelle Verhalten aber ist von seinem Wesen her negativ, und dieser negative Charakter wird durch die Tatsache, daß ich eine unzerstörbare und vom Willen unabhängige Neigung habe, mich ihr hinzugeben, nicht aufgehoben. Es gibt Leute (die Sadisten), die eine tief in ihnen verwurzelte Neigung haben, anderen Leiden zuzufügen; andere (die Kleptomanen und die Pyromanen) fühlen sich angetrieben, zu stehlen oder einen Brand zu verursachen usw. Die Tatsache, daß eine solche, vom Willen unabhängige Neigung vorhanden ist, hindert nicht daran, daß die Handlungen, mit denen man diese Neigung befriedigt, aufs Schärfste zu verurteilen sind.[4]

Ein Aufruf zur vollständigen Keuschheit

«Aber», wirst du jetzt sagen, «welche konkrete Lösung bietet sich für denjenigen oder diejenige an, die zwar in sich eine homosexuelle Neigung wahrnehmen, die jedoch Jesus und seinem Bund der Liebe treu bleiben wollen?» Als erstes will ich darauf hinweisen, daß es nur in sehr seltenen Fällen angebracht ist, einem echten Homosexuellen den Rat zu geben, eine Ehe einzugehen. Außer im Fall einer bloßen sexuellen Zwiespältigkeit, die schon auf dem Wege ist, überwunden zu werden, wäre die unausweichliche Folge die, das Paar in eine ausweglose Lage zu bringen. Nein, es gibt nur eine einzige authentisch christliche Lösung des Poblems: Die vollständige Keuschheit, die gleiche, wie sie auch für die Heterosexuellen besteht, die nicht heiraten können. Es gibt ja viele Christen, die aus Gründen, die nicht von ihrem Willen abhängen, nämlich durch die Umstände, dazu geführt werden, in klarer Sicht der Dinge großmütig in einem aufgezwungenen Zölibat zu leben. Die homosexuelle Neigung kann einer der Gründe sein, die einen Christen zu dem Entschluß führen, aus Liebe zu Jesus im Zölibat zu leben. Es wird sich dabei nur selten um einen geweihten Zölibat im Ordens- oder Priesterstand handeln, und zwar wegen des schwerwiegenden Risikos, das ein solcher Zustand mit sich bringen kann. Dennoch sollte es sich um einen authentischen Zölibat handeln, der mit einem tiefen geistlichen Leben verbunden ist. Die Erfahrung lehrt übrigens, daß diese großmütige Haltung, öfter als man denkt, zur Entwirrung und Normalisierung der Sexualität führt.

---

4 Es gibt Menschen, die die Frage aufwerfen, ob in der Krankheit AIDS, die ja im wesentlichen auf sexuellem Wege übertragen wird, nämlich bei homosexuellem sodomitischem Verkehr (Eindringen in die Analöffnung), nicht eine Strafe Gottes zu sehen ist. Große Zurückhaltung ist hier geboten. Als Johannes Paul II. im Flugzeug, das ihn in die USA brachte, von Journalisten über dieses Thema befragt wurde, antwortete er sehr klug und vorsichtig: «Es ist schwer, die Pläne Gottes zu erkennen.» Sicher ist indessen, daß — abgesehen von jeder theologischen Erwägung — die Ausbreitung dieser Krankheit eine Warnung ist. Von diesem Gesichtspunkt aus ist es bedauerlich, daß die öffentlichen Organisationen und die Regierungen, wenn sie sich mit der Krankheit AIDS befassen, sich jeglicher ethischen Stellungnahme enthalten und die Frage lediglich vom hygienischen Standpunkt aus betrachten. Wenn es auch außer Frage steht, über die Personen zu urteilen, so ist es doch dringend erforderlich, auf die Sackgasse hinzuweisen — nicht nur vom medizinischen, sondern auch vom ethischen Standpunkt aus —, in die gewisse Verhaltensweisen führen. Auf diese Epidemie lediglich durch die Verteilung von männlichen Präservativen zu reagieren, macht auf lange Sicht hin das Problem nur noch schwerwiegender, weil damit der sexuelle Akt nur noch mehr banalisiert, d.h. zu etwas Alltäglichem wird.

Die Liebe und die Wahrheit miteinander versöhnen

Ich weiß, daß diese Sprache für Nichtchristen und sogar für manche Christen hart ist, aber liegt der Grund nicht darin, daß wir schon durch Schlagworte vergiftet sind, die uns einreden, daß der einzelne ein absolutes Recht auf sexuelles Glück hat? Ja, gewiß, wir dürfen und müssen unser volles menschliches Glück suchen, aber nur, insoweit es in der Wahrheit und der Liebe geschieht.

Wenn es wirklich das Licht und die Liebe des Herrn ist, die du suchst, dann wirst du verstehen, was die Kirche zur Homosexualität sagt. Nur auf diese Weise wird einerseits die Wahrheit über die Homosexualität und andererseits die Liebe zu den Homosexuellen miteinander in Einklang gebracht.[5]

Die außerehelichen Beziehungen

Die Unzucht

Die Masturbation widerspricht dem christlichen Sinn der Liebe als Bund, da sie eine allein vollzogene und egoistische Ausübung der Sexualität ist; und auf eine andere Weise widerspricht ihr auch die Homosexualität, da sie sich einem Partner des gleichen Geschlechts zuwendet. Der Sinn der Liebe als Bund kann aber noch auf eine dritte Art verletzt werden, nämlich durch sexuelle Beziehungen außerhalb des Ehebundes, vor allem, wenn dabei nicht die Absicht zu einer ehelichen Verbindung besteht. *Unzucht* ist der Fachausdruck dafür.

Eine Sexualität, bei der man sich selbst nicht einbringt

Das Urteil der Heiligen Schrift — also des Wortes Gottes — über die sexuelle Vereinigung außerhalb der Ehe ist von unbestreitbarer Strenge: «Denn das sollt ihr wissen: Kein unzüchtiger, schamloser oder habgieriger Mensch — das heißt kein Götzendiener — erhält ein Erbteil im Reich Christi und Gottes» (Eph 5,5).[6] Diese Strenge ist sehr gut zu verstehen. Bei

5 Die mehr praktischen Erwägungen, die die Masturbation und die folgenden Punkte betreffen, werde ich im vierten Teil unserer Überlegungen behandeln, die die Art und Weise betreffen, die christliche Keuschheit zu leben.

der Unzucht nämlich wird die sexuelle Vereinigung, statt ein Ausdruck unumkehrbarer Hingabe der Personen aneinander zu sein, ein bloßes Ventil für das Gefühl des Verliebtseins oder des erotischen Verlangens nach Lust. Die Sexualität findet sich hier getrennt von der christlichen Wahrheit über die Liebe und von den Anforderungen, die sich daraus ergeben. Ich bediene mich des anderen, der mir Gelegenheit gibt, sich selbst und mir eine vorübergehende Lust zu verschaffen, aber ich gebe mich ihm nicht mit Leib und Seele hin in einem radikalen Einsatz meiner Freiheit.

Die Unzucht in all ihren Formen widerspricht natürlich dem christlichen Verständnis vom ehelichen Bund, aber schon auf rein menschlicher Ebene mißachtet sie die menschliche Würde der Person. Ganz besonders ist dies der Fall bei vorübergehenden Beziehungen ohne Zukunft, aber auch bei einem *Zusammenleben, ohne daß die Absicht zur Ehe besteht,* wie auch bei dem, was man mißbräuchlich *eine Ehe auf Probe* nennt.

Das Zusammenleben ohne die Absicht zur Ehe

Im Zusammenleben ohne die Absicht zur Ehe findet zwar jeder im anderen ein Objekt für sein Bedürfnis zu lieben und geliebt zu werden, ein Heilmittel für seine Einsamkeit und eine Quelle der Lust. Handelt es sich aber um eine wirkliche Hingabe der Personen aneinander? Ist eine solche Beziehung nicht von der Basis her unterhöhlt durch jenen stillschweigenden oder ausdrücklichen Vorbehalt, der das Kennzeichen jedes ungebundenen Zusammenlebens ist, nämlich: «Wenn man sich nicht mehr versteht, dann geht man eben auseinander», oder: «Wir werden so lange zusammenbleiben, wie unsere Liebe währt?»

Ist unter diesen Umständen nicht der einzelne durch den anderen — sei es nun bewußt oder

6 Siehe auch: 1 Kor 5,1; 6, 9.12-20; 7,2; 10,8; 1 Tim 1,10; Hebr 13.4.

unbewußt — einer Erpressung ausgesetzt, die die Würde der Person mißachtet: «Wenn du nicht in allen Punkten meinen Erwartungen entsprichst, dann verlasse ich dich?» Besteht da nicht die Gefahr einer ständigen Gleichgewichtsstörung zwischen den beiden Zusammenlebenden, da mit großer Wahrscheinlichkeit der eine vom anderen mehr erwartet als dieser zu geben bereit ist?

Die Ehe auf Probe

Was aber die Ehe auf Probe betrifft, so widerspricht sie noch eindeutiger der Ehrfurcht, die der Person geschuldet wird. Eine Maschine kann man versuchsweise benutzen, aber nicht einen Menschen. Im übrigen ist dieses sogenannte «Experiment» schon von seiner Grundlage her verfälscht und fruchtlos, denn es gibt Probleme, wie auch deren Lösungen, die sich nur in einer dauerhaften ehelichen Verbindung offenbaren. Ein sexuelles und affektives Einvernehmen vor der Ehe ist noch keine Garantie für eine spätere Harmonie. Eine Krise, in der die Liebe zu zerfallen droht, tritt nämlich oft erst sehr viel später auf, nach mehreren Jahren harmonischen Zusammenlebens, während es umgekehrt vorkommen kann, daß eine am Anfang sehr zerbrechliche affektive und sexuelle Übereinstimmung sich innerhalb der Ehe festigt, weil nur die Ehe es ermöglicht hatte, daß die Liebe zu größerer Reife gelangte.

Ein Alarmsignal: der Ausschluß des

Ein beredtes Zeichen dafür, daß die außerehelichen sexuellen Beziehungen nicht die ganze Wahrheit der Liebe respektieren, ist die Tatsache, daß sie logischerweise und aus Prinzip das Kind auszuschließen pflegen, während es, wie wir gesehen haben, eine wesentliche Dimension der Liebe ist, für die Fruchtbarkeit offen zu sein. Wenn aber dennoch ein Kind — sei es gewollt oder ungewollt — in das Leben der Partner eintritt, dann macht seine Gegenwart es erforderlich, aus dem provisorischen Zusammenleben zu einer unwiderruflichen Bindung zu schreiten, insofern nämlich die beiden Zusammenlebenden dieses Kind auf eine wahrhaft menschenwürdige Weise aufnehmen wollen.

Ist die Ehe eine Garantie für das Gelingen?

Du wirst vielleicht einwenden: «Ich sehe ein, daß den sexuellen Beziehungen außerhalb der Ehe etwas Wesentliches fehlt, die Ehe ist aber auch nicht in jedem Falle eine Erfolgsgarantie für menschliche Liebe!» In gewissem Sinne ist das wahr. Die Ehe allein verbürgt nicht schon automatisch die Gewißheit ehelichen Glücks. Sie muß sorgfältig vorbereitet werden auf der Basis einer hinreichenden Übereinstimmung der Personen, und wenn die Ehe einmal geschlossen ist, müssen sich die Gatten mit ganzer Seele auf die mit diesem Sakramente verbundenen Gnaden stützen und in gemeinsamer Übereinstimmung die notwendigen Mittel anwenden, um sie in Treue zu leben (Gebet, Eucharistie, Beichte usw.).

Die vorehelichen Beziehungen unter Verlobten

Ein ganz anderes Problem

Ein besonderer Fall der außerehelichen Beziehungen ist bei jenen gegeben, die zusammenwohnen und die Absicht haben zu heiraten, oder die verlobt sind und sich fest entschlossen auf die Ehe vorbereiten. Hier liegt das Problem natürlich wesentlich anders als bei einer vorübergehenden unverbindlichen Beziehung oder der Ehe auf Probe. Hier ist nämlich der feste Entschluß vorhanden zu heiraten. Die Situation ist daher wesentlich komplexer.

Die Ehe, der Ort einer vollständigen Hingabe

Auf Grundsatzebene besteht jedoch keinerlei Unklarheit: Im christlichen — und ganz allgemein im menschlichen — Leben drückt die sexuelle Beziehung die vollständige Hingabe der Personen aneinander aus, sowie ihre gemeinsame Offenheit für eine Fruchtbarkeit, in der sie sich selbst überschreiten. Sie hat also ihre Sinnerfüllung nur innerhalb einer unauflöslichen Lebensgemeinschaft nach dem

Bilde — wenn du ein Christ bist — der unwiderruflichen Hingabe Christi an die Kirche am Kreuz und in der Eucharistie. Diese vollzieht sich nur in der Ehe, in der das menschliche Versprechen der Treue, das zwischen Mann und Frau ausgetauscht wird, sich hineingenommen weiß in die unwandelbare Treue des menschgewordenen Gottes. Diese Realität der christlichen Liebe fehlt von ihrer Natur her den außerehelichen oder auch nur einfach vorehelichen Beziehungen, die durch einen der Ehe zugehörigen Akt eine eheliche Gemeinschaft auszudrücken versuchen, die im gegebenen Fall eben nicht, oder noch nicht besteht.

Ist das Formalismus?

«Grundsätzlich einverstanden», wirst du sagen, «aber wie sieht die Sache in Wirklichkeit aus? Wenn wir doch die ehrliche Absicht haben zu heiraten, warum sollen wir da den Hochzeitstag abwarten, um uns auf sexuelle Weise zu lieben? Wozu dient ein solcher Formalismus?»

Ist eine Zeremonie nötig, um sich zu lieben?

Das ist eine sinnvolle Frage, und ich werde versuchen, sie mit Fingerspitzengefühl zu beantworten. Zunächst einmal stimme ich mit dir überein, daß die Institution von Ehe und Familie durch all die Veränderungen der modernen Welt großen Erschütterungen ausgesetzt worden ist. In der Vergangenheit war die Familie großenteils eine Zelle des wirtschaftlichen und sozialen Lebens; jetzt aber, vor allem seit der Industrialisierung, ist sie der Zufluchtsort des Privatlebens und der menschlichen Wärme gegenüber der Anonymität des beruflichen und öffentlichen Lebens geworden. Von daher ist das Mißtrauen vieler Jugendlicher zu erklären, wenn sich das «Institutionelle» ihres persönlichen Lebens bemächtigt —, und was gäbe es Persönlicheres als die Liebe? «In diesem Kontext», so sagen sie, «ist es ohne große Bedeutung, ob unsere Liebe öffentlich durch die bürgerliche und kirchliche Autorität bestätigt wurde oder nicht; das einzig

Wichtige ist, daß wir uns lieben. Warum sollen wir also irgendeine "Zeremonie" abwarten, um uns einander hinzugeben?»

Manchmal sind die Einwände auch ganz prosaisch: «Wir haben die feste Absicht, standesamtlich und kirchlich zu heiraten, und wir sehen auch ein, daß dies einen Sinn hat, aber unsere Eltern wollen es nicht, so lange wir noch in der Ausbildung sind, und außerdem verlieren wir, wenn wir verheiratet sind, in finanzieller Hinsicht eine ganze Menge, usw.»

Diese und ähnliche Gedankengänge haben alle ihr Gewicht, und auch mir geht es so, daß ich in gewissen präzisen Fällen sehr bedauere, daß eine von der standesamtlichen Eheschließung unabhängige religiöse Spendung des Ehesakramentes durch das Gesetz verboten ist, anderenfalls wären viele Probleme gelöst. Alle diese Einwände gehen jedoch am Wesentlichen vorbei.

Ein kleiner Vergleich

Um mich recht verständlich zu machen, will ich einen Vergleich zu Hilfe nehmen, der zwar wie jeder Vergleich ein wenig «hinkt», der aber dennoch die Sache erleuchten kann. Ich bin Priester seit dem 19. Juli 1964, aber schon lange vor diesem Datum, schon Jahre zuvor, war es mein Wunsch, Priester zu sein, und ich war fest entschlossen, es zu werden. In den letzten Jahren meiner Seminaristenzeit hatte ich sehr wahrscheinlich auch schon die nötige Ausbildung und Vorbereitung, um diesen Dienst auf korrekte Weise auszuüben. Dennoch bin ich aber erst an diesem Tage wirklich Priester geworden, als nämlich mein Bischof mir die Hände auflegte; erst danach konnte ich damit beginnen, die heilige Messe zu feiern, Beichte zu hören usw. Hätte ich es am Tage vorher tun wollen, dann wäre es ein Unrecht, ein Betrug gewesen. Warum? Weil ein Sakrament zwar das Ziel meines aufrichtigsten Verlangens ist, es jedoch zuvor eine Handlung Christi an mir durch die Vermittlung der Kirche ist. Am 19. Juli 1964 hat Christus mich als Priester seiner Kirche gegeben. Vorher verlangte ich danach, Priester zu sein, aber ich war es nicht.

Sich einander von Christus empfangen

Ebenso ist es mit dem christlichen Ehebund, wenn es auch Unterschiede gibt, die ich nicht leugne: Das Priestertum ist eine Funktion, die Ehe nicht. Sich als Christen zu lieben, das bedeutet nicht nur, sich gegenseitig zu erwählen, das bedeutet auch und vor allem, daß einer den anderen von Christus empfängt. Wenn es wahr ist, daß die christliche Liebe ihren Sinn im Inneren der Liebe Jesu zu seiner Kirche empfängt, so erfüllt die Hingabe aneinander nur dann ihren wahren und tiefsten Sinn, wenn Christus im Sakrament der Ehe uns einander wirklich für immer gegeben hat. Vor diesem Tage sind wir einander wohl versprochen, aber wir wurden einander noch nicht gegeben durch einen Größeren als wir selbst es sind, nämlich durch Jesus Christus.

Voreheliche Beziehungen: eine unechte Liebe

Nach dem Gesagten wiederhole ich, daß Verlobte, die sich aufrichtig lieben und entschlossen sind zu heiraten, bei Aufnahme vorehelicher Beziehungen eine weniger schwere Sünde begehen als diejenigen Jugendlichen, die sich auf dem gleichen Wege von ihrer physischer Übereinstimmung «überzeugen» wollen — was übrigens illusorisch ist —, ehe sie sich in einer tieferen Liebe aneinander binden. Es bleibt aber die Tatsache bestehen, daß diese Verhaltensweise objektiv inkonsequent ist, da sie nämlich eine Fülle vorwegnimmt, die ihnen noch nicht wirklich und endgültig gegeben wurde. Ein untrügliches Zeichen dafür, daß die vorehelichen Beziehungen nicht ohne Gefahr sind, besteht auch hier im systematischen Ausschluß des Kindes. Damit wird offenkundig, daß in den vorehelichen Beziehungen die Sexualität in einem Zusammenhang gelebt wird, der sie grundsätzlich einer ihrer wesentlichen Komponenten beraubt.

Eine Torheit, voll von Weisheit: Vor der Ehe die Beziehungen zu verweigern

Ja, wenn du Christ, wenn du Christin bist, dann lädt euch der Herr zu einer Torheit ein, die voller Weisheit ist, nämlich, in gemeinsamer tapferer Übereinstimmung jegliche sexuellen Beziehungen vor der Hochzeit auszuschließen! Ich sage Torheit, denn in einer Welt, die systematisch den geschlechtlichen Akt als etwas Alltägliches und Banales betrachtet, aus Liebe zu Jesus und aus Ehrfurcht vor der Heiligkeit der Ehe darauf zu verzichten, das bedeutet, gegen den Strom zu schwimmen und den Nachteil auf sich zu nehmen, ein Außenseiter zu sein. Ich sage aber auch: Eine Torheit voller Weisheit, denn indem du dich weigerst, zur Entwertung der Sexualität beizutragen, wirst du ein Zeugnis geben, das anderen hilft, sich vom Falle wieder zu erheben. Außerdem wirst du den geistlichen Wert deiner Liebe bewahren, wenn du es vermeidest, sie vor der Zeit im Fleische auszudrücken: Die sexuelle Vereinigung in der Ehe wird nämlich weitaus reicher sein, sowohl in spiritueller als auch in fleischlicher Hinsicht, wenn du während der Zeit der Verlobung die einzelnen Stufen des Wachstums und der Reifung respektiert hast. Zudem wird der Herr in ganz besonderer Weise eure Vereinigung segnen, wenn ihr euch aus Liebe zu ihm einander körperlich nicht geben wolltet, ehe ihr nicht gemeinsam in der Eucharistie den Leib *dessen* empfangen habt, der eure Liebe besiegelt hat.

«Bis wohin kann man gehen?»

Vor der Hochzeit aber, wie weit kann man da gehen?», fragen mich oft die Verlobten. Du wirst dir denken können, daß es in diesem Punkte keine fix und fertigen Anweisungen gibt. Jede Stufe der menschlichen, spirituellen und christlichen Reifung in der Liebe muß ihre das Gemüt betreffenden und auch die entsprechenden physischen Ausdrucksformen haben. Es ist normal, daß die Verlobten sich auf wahrnehmbare Weise ihre Liebe zeigen, jedoch mit all der Zurückhaltung, die geboten ist, um nicht in den sexuellen Bereich abzugleiten; und da die Erfahrung dir zeigt, daß man auf diesem Gebiet ganz besonders leicht ausrutschen kann, ist es nötig, in gemeinsamer Übereinkunft äußerst wachsam zu sein. Wenn die normalen Vertraulichkeiten während der Zeit des Verlöbnisses, wie etwa ein einfacher Kuß oder eine freundschaftliche Umarmung — bei dem jungen Mann vor allem — ungewollt eine sexuelle Erregung hervorrufen, so braucht man daraus kein Drama zu machen. Es ist jedoch ratsam, gefährliche Situationen großmütig zu vermeiden (längeres vertrauliches Zusammensein, Nacktheit usw.), die von ihrer Natur her zum allein erlebten Orgasmus führen, zur beiderseitigen Masturbation oder zu teilweiser oder vollständiger sexueller Beziehung.

Nicht alles sofort haben wollen

Dies alles kann nicht ohne hochherziges Opfer gelebt werden, und vielleicht auch nicht ohne ein gelegentliches Ausrutschen; wenn diese Anstrengung aber euer beiderseitiger Entschluß ist, dann werdet ihr dadurch dauerhafter und tiefer aneinander gebunden, als es bei vorzeitigen sexuellen Erfahrungen der Fall gewesen wäre, die aus dem Verlangen hervorgegangen sind, alles haben zu wollen und zwar sofort. Die menschliche und christliche Qualität eurer Liebe ist es wert, diesen Preis dafür zu entrichten.

2. *Die Verbindung des Geistigen mit dem Leiblichen*

Zwei mögliche Fehleinschätzungen dieser Verbindung

Alle bisher behandelten Probleme des sexuellen Lebens (Masturbation, Homosexualität, außereheliche und voreheliche Beziehungen) betrafen den eigentlichen Sinn der Liebe als eines Bundes. Nun wollen wir eingehend auf die Zusammengehörigkeit des Geistigen und des Leiblichen in der

Ausübung der menschlichen Sexualität zu sprechen kommen.

Es gibt zwei Arten, diesen Bund zwischen dem Spirituellen und dem Fleischlichen zu unterhöhlen. Dabei geht es darum, entweder das Spirituelle vom Fleischlichen loszulösen oder aber das Fleischliche vom Spirituellen zu trennen. Die erste Versuchung ist die seltenere und aristokratischere, aber sie ist nicht weniger folgenschwer als die zweite, die verbreiteter und vulgärer ist. Wir beginnen mit dieser letzteren, denn sie ist leichter als solche zu erkennen.

Die Pornographie und die Prostitution

Eine systematische Zersetzung

Alle im eigentlichen Sinne sexuellen Sünden bestehen in einer Überbewertung des Fleischlichen auf Kosten des Spirituellen, wie z.B. bei der Masturbation, die die sexuelle Lust außerhalb einer Beziehung der Liebe sucht. Es gibt aber auch sexuelle Abwegigkeiten, die radikal auf der systematischen Trennung des Fleischlichen vom Spirituellen basieren, wo der Liebe und der Weitergabe des Lebens kein Raum gewährt wird. Ich denke hier an die *Pornographie* und die *Prostitution.*

Der Leib, das Objekt der Begierlichkeit

Die erste verherrlicht — und vermarktet! — die menschliche Sexualität einzig und allein im Hinblick auf egoistische und augenblickliche Befriedigung, die das Gegenteil von Liebe ist. Hier wird der menschliche Körper zur Schau gestellt als ein bloßes Objekt der Begierde unter Ausschluß des Geistes. Wenn man derartige Veröffentlichungen kauft oder liest, wenn man sich diese Art von Filmen ansieht, und wäre es auch nur gelegentlich, so macht man sich damit zum Komplizen eines satanischen Unternehmens, dessen Ziel in der Abwertung der Sexualität besteht.

Der Leib, das Objekt von Geschäft und Gewinn

Was aber die Prostitution selbst betrifft, so mißbraucht sie sogar den Körper selbst der Frau — oder auch des Mannes —, und nicht nur ihr Bild, und macht ihn zu einem Objekt finanzieller Transaktionen und fleischlicher Lust. Sie ist eine praktische Verleugnung der spirituellen Würde der Person.

Dies ist derart offenkundig, daß es kaum der Mühe wert ist, noch mehr darüber zu sagen. Jene anderen Abwege hingegen, die darin bestehen, das Spirituelle vom Fleischlichen loszulösen, sind weitaus subtiler und schwieriger zu durchschauen; wir werden uns daher ausführlicher mit ihnen befassen. Ich denke dabei vor allem an diejenigen Probleme, die die *künstliche Befruchtung* stellt und die *Befruchtung «in vitro»*.

Die künstliche Befruchtung und die Befruchtung «in vitro»

Ein heikles Problem: die künstliche Befruchtung innerhalb der Ehe

Ich halte mich an meine Absicht, hier nicht erschöpfend alle Probleme zu behandeln, die mit den neuen Techniken der Weitergabe des Lebens zusammenhängen. Mein Ziel besteht nämlich darin, den täglichen und, um es so auszudrücken, den allgemein verbreiteten Schwierigkeiten im sexuellen Leben zu begegnen, und nicht darin, Ausnahmefälle zu untersuchen oder mich mit Fragen zu befassen, die vor allem die Wissenschaftler angehen, so wichtig diese auch sind.

Die hierzu von Rom erlassenen Richtlinien haben eine gewisse Zahl von Christen «vor den Kopf gestoßen».[7] Ich möchte darlegen, daß sie wohlbegründet sind. Viele Katholiken bejahen es ohne Schwierigkeit, daß die Kirche die heterologe (vom Griechischen *heteros* = der andere, der Fremde) Befruchtung verurteilt, bei welcher man zumindest *einen* Spender außerhalb des Ehepaares zu Hilfe nimmt, ob es sich nun um die Befruchtung *in vitro*

7 Ich weise auf «Donum Vitae», Instruktion der Glaubenskongregation über die Ehrfurcht vor dem werdenden menschlichen Leben und die Würde der Lebensweitergabe, vom 22. Februar 1987, hin.

handelt oder um die künstliche Befruchtung. Der eheliche Bund der Gatten erfordert nämlich, daß sie nur durch den Partner Vater und Mutter werden. Er weist auch auf das Recht des Kindes hin, innerhalb der Ehe empfangen und zur Welt gebracht zu werden. Drastisch, aber sehr einleuchtend, hat das ein französischer Journalist in die Worte gefaßt: «Die heterologe künstliche Befruchtung ist Ehebruch im Reagenzglas!» Schwierigkeiten haben dagegen manche Katholiken mit der — gewiß — zwar weniger strengen, aber ebenso klar ausgedrückten negativen Beurteilung der Kirche, was die homologe (vom Griechischen *homoios* = gleichgeartet) Befruchtung betrifft, d.h., bei der man sich keines fremden Spenders bedient, gleich, ob es sich um die Befruchtung *in vitro* handelt oder um die einfache Befruchtung.

Der Frage auf den Grund gehen

«Wie ist das möglich?», wird man sagen, «da ist ein Ehepaar, das zutiefst miteinander eins ist, das sehnlichst danach verlangt, das Leben weiterzugeben, aber durch ein physiologisches Handikap daran gehindert ist. Warum erlaubt man ihnen nicht, einem Kind das Leben zu schenken, wenn es eine Methode gibt, die es ihnen ermöglicht, dieses Hindernis zu überwinden?»

Um die ganze Tragweite des Problems zu erfassen, müssen wir bis zum Kern der Frage vordringen und zunächst die zweitrangigen. Schwierigkeiten ausräumen, mögen sie in sich selbst auch von großer Bedeutung sein.

Es betrifft nicht die «Technik»

Es ist zunächst darauf hinzuweisen, daß das negative Urteil der Kirche über die homologe künstliche Befruchtung nicht einfach durch die Tatsache motiviert ist, daß sie eben «künstlich» ist und daß man dabei die «Technik» zu Hilfe nimmt; denn die ganze ärztliche Kunst und sogar, in weiterem Sinne, die ganze menschliche Kultur beruhen auf dem Gebrauch von Techniken, und die Kirche befindet sie für gut und ermutigt sie, und zwar so lange, wie sie die Menschenwürde respektieren. Andererseits wirst du ohne weiteres mit mir darin übereinstimmen, daß die Existenz einer Technik nicht genügt, um daraus den Schluß zu ziehen, daß es sittlich gut sei, sich ihrer zu bedienen. Die Technik der Atombombe existiert. Das ist kein hinreichendes Motiv, um sie anzuwenden! Man muß auch noch sehen, ob sie in sich moralisch zu rechtfertigen ist.

Eine saubere Technik kann im Idealfall möglich sein

Übrigens ist die homologe künstliche Befruchtung in den meisten Fällen an Methoden gebunden, die in sittlicher Hinsicht mehr als fraglich sind. So wird in den meisten Fällen das für die Befruchtung notwendige Sperma durch die Masturbation des Ehemannes gewonnen, und wir haben gesehen, daß diese Handlungsweise, worin immer auch ihr beabsichtigtes Ziel besteht, dem Sinn des Bundes widerspricht, da in diesem Falle die Ejakulation des Samens eine rein biologische Handlung ist, die objektiv von der Fülle der ehelichen Hingabe losgelöst ist.

Wesentlich schwerwiegender noch ist dies: Bei der Befruchtung *in vitro* geschieht es in der Praxis oft, daß zu viele Embryos erzeugt werden, die nicht in den Leib der Frau transplantiert und dann entweder zerstört oder eingefroren werden, wobei sich augenblicklich das Problem der Abtreibung stellt, wenn nämlich die Embryos zerstört werden, oder, falls sie eingefroren werden, das Problem des Experimentierens mit ihnen oder zumindest ihrer Manipulation.

Lassen wir aber, ungeachtet ihrer Bedeutung, diese immerhin noch am Rande liegenden Erwägungen beiseite, da es im Idealfall möglich sein kann, eine homologe künstliche Befruchtung herbeizuführen, die weder eine vorherige Masturbation beinhaltet noch eine Erzeugung von nicht transplantierten Embryos.

Erkenne, worum es wirklich geht

Dessen ungeachtet bleibt selbst im Fall einer solchen «technisch sauberen» homologen Befruchtung das Urteil der Kirche negativ. Warum? Wir werden nun zum Kern der Frage geführt.

Die Wahrheit des Fleisches in einem konkreten Akte der Liebe respektieren

Du wirst dich erinnern, daß ich im ersten Teil dieses Büchleins mit großem Nachdruck von der überragenden Würde des Leibes in den Augen des christlichen Glaubens gesprochen habe. Dies gilt auch für die christliche Auffassung von der engen Verbindung zwischen der Zeugung eines Kindes und dem Ehevollzug der Eltern; denn der Mensch ist weder ausschließlich ein fleischlicher Körper noch ausschließlich eine geistige Seele: Er ist eine Einheit von beidem, und der eheliche Akt, durch den die Gatten sich einander hingeben und gemeinsam für die Weitergabe des Lebens offen sind, ist ebenfalls auf untrennbare Weise sowohl geistlich als auch fleischlich. In ihrem Körper und durch ihren Körper, wie auch im Herzen eines jeden von ihnen geschieht es, daß Gatte und Gattin ihr Einswerden vollziehen und Vater und Mutter werden können. Darum ist auch die Kirche — die Gattin des Herrn — zutiefst davon überzeugt, daß die einzige wirklich menschliche Weise, einem Kinde das Leben zu geben, in einem authentischen ehelichen Akte besteht, in der Wahrheit sowohl ihres Fleisches wie auch ihrer Seele, in der die Gatten sich einander hingeben. Der einzig geziemende Ort für die Entstehung einer neuen Person ist ein konkreter Akt sowohl spiritueller als auch physischer Liebe — und nicht das Ergebnis einer Folge technischer Operationen, die objektiv losgelöst sind von den Zeichen der Liebe, wie es ja bei der Befruchtung *in vitro* und der künstlichen Befruchtung der Fall ist.

Die Kirche gibt der sexuellen Ausdrucksform der Liebe einen hohen Stellenwert

Oft macht man der Kirche den Vorwurf, daß sie die Sexualität unterbewertet. Dieser Vorwurf ist unberechtigt. Der christliche Glaube betrachtet die Sexualität keineswegs als etwas Minderwertiges.

Im Gegenteil! Er trägt lediglich Sorge dafür, ihr den ihr zukommenden Platz zu geben, und paradoxerweise geschieht es hier, daß man nun der Kirche den Vorwurf macht, dem sexuellen Akt eine zu große Bedeutung beizumessen! Diejenigen, die diese Einwände erheben, sollten immerhin wissen, was sie wollen…

Ja, indem sie hierin Jesus nachfolgt, betrachtet die Kirche den Leib mit großer Wertschätzung und daher ebenso auch den vollständigen authentischen sexuellen Ausdruck der ehelichen Liebe, und das mit solchem Nachdruck, daß sie die Ehe zwischen Personen, die zwar nicht steril, aber impotent sind, d.h. unfähig, gemeinsam einen vollständigen ehelichen Akt zu vollziehen, ganz einfach als ungültig und damit für null und nichtig erklärt! Dies ist es, was das kanonische Recht als «Ehehindernis der Impotenz» bezeichnet.

Die Gefahr eines falschen «Spiritualismus»

Der Kern des Problems besteht also in der subtilen Versuchung, das Spirituelle vom Fleischlichen zu trennen. Welche Gedankengänge verfechten nämlich die Befürworter der homologen künstlichen Befruchtung? «Die Gatten», sagen sie, «möchten auf diese Weise zu einem Kinde kommen. Sie sind von großer Liebe beseelt. Sie verlangen zutiefst danach, das Leben weiterzugeben; sie lieben einander und haben im übrigen echte und vollständige eheliche Beziehungen. Ihre Absicht ist rein und großmütig. Wie kann man ihnen nun diese einzige Methode verwehren, die es ihnen ermöglicht, einem Kind das Leben zu schenken?»

Die Absichten genügen nicht

Gewiß, diese Argumente sind zu verstehen, und man kann bis zu einem bestimmten Punkte mit ihnen sympathisieren; niemals aber wird der christliche Glaube — ebensowenig wie eine authentisch menschliche Philosophie — diesen letztlich vom Fleische losgelösten «Spiritualismus» gutheißen, der eine Verhaltensweise ist, die als Grundlage lediglich die spirituellen «Absichten» hat und es vernachlässigt, die wesenhafte und objektive sittliche Berechtigung der gebrauchten Mittel zu untersuchen, bevor sie verwirklicht werden. Hier trifft der bekannte Lehrsatz zu: «Das Ziel rechtfertigt nicht die Mittel», oder, noch klarer ausgedrückt: «Eine, wenn auch vorzügliche Absicht rechtfertigt nicht jedes Mittel, um sie in die Tat umzusetzen.» Die Kirche anerkennt ohne jeglichen Vorbehalt die edle Gesinnung, von der jene Personen beseelt sein können, die zur künstlichen Befruchtung ihre Zuflucht nehmen, aber sie spricht mutig eine strenge Warnung aus gegenüber solchen Methoden, die in ihrer Logik die menschliche Weitergabe des Lebens objektiv in einen tierärztlichen Eingriff verwandeln, der in sich losgelöst von einer liebenden Umarmung der Körper ist.[8]

Ist die Kirche etwa mitleidlos?

Nun wirst du vielleicht sagen: «Kümmert sich denn die Kirche nicht um das Leid der unfruchtbaren Ehepaare? Sie verhält sich ja völlig gleichgültig gegenüber ihrer schmerzvollen Situation!» Keineswegs! Die Kirche ist eine Mutter, die zutiefst die Leiden ihrer Kinder versteht. Aber sie ist auch eine mutige Mutter, die ihnen nicht die Wahrheit verbirgt. Im Gedanken an das Leid der kinderlosen Ehepaare fordert sie zunächst die Wissenschaftler auf, sittlich vertretbare Mittel zu suchen, um der Sterilität vorzubeugen oder sie zu heilen. Schließlich macht sie liebevoll darauf aufmerksam, daß der Wunsch nach einem Kind, wenn er auch der Natur entspricht und

---

8 Diese Erniedrigung der menschlichen Lebensweitergabe zu einer Angelegenheit tierärztlicher Kunst kann sehr weit gehen. Ich habe einen europäischen Politiker gehört, wie er erklärte, um ein Kind zu machen, brauche man schließlich in jedem Fall eine Pipette und ein Aufnahmegefäß, und es sei sich zu fragen, warum der Papst so großen Wert darauf legt, daß erstere der Penis des Mannes und nicht eine Kanüle sei, und das zweite die Vagina der Frau und nicht ein Reagenzglas... Wenn die Probleme von solch niedrigem Niveau aus betrachtet werden, dann ist natürlich nicht zu erwarten, daß auch nur das Mindeste von dem verstanden wird, was die Kirche dazu sagt!

lobenswert ist, keineswegs das «Recht» gibt auf ein Kind. Ein solches «Recht» stände im Widerspruch zu der Würde des Kindes selbst; es bestände die Gefahr, daß die Beziehung zu ihm verfälscht würde, denn das Kind ist niemals ein «geschuldetes Recht», das man einklagen kann, sondern eine frei geschenkte «Gabe». Endlich kann die physische Sterilität auf andere Weise kompensiert werden, wie z.B. durch die Sorge für verlassene Kinder und besonders die Adoption.[9]

Ein größeres Übel vermeiden

Die Kirche weiß sehr gut, daß die Sterilität für viele Ehepaare eine schwere Prüfung bedeutet; mit der Weisheit aber, die auf lange Sicht die Dinge voraussieht, ist sie davon überzeugt, daß das Übel der physischen Sterilität, besonders wenn es in Vereinigung mit dem Kreuze Jesu gelebt wird, weniger groß ist als das einer Entmenschlichung bei der Weitergabe des menschlichen Lebens. Diejenigen, die darauf hören wollen, was der Herr ihnen zu diesem Punkte sagt, wobei er sich der Stimme der Kirche bedient, werden verstehen, wie sehr dieses Wort richtig und wahr ist, und wenn der Fall eintritt, werden sie es in ihrem eigenen Leben erfahren.

Die erste Gruppe der untersuchten sexuellen Probleme betraf die Realität des Ehebundes im allgemeinen. Die zweite Gruppe, die wir soeben abgeschlossen haben, behandelte den sowohl spirituellen wie auch fleischlichen Charakter der

---

9 Gewiß, bei der Adoption wie auch bei der heterologen künstlichen Befruchtung besteht eine risikoreiche Dissoziation zwischen der biologischen und der gesetzlichen und spirituellen Elternschaft. Während diese Dissoziation aber durch die heterologe Befruchtung *hervorgerufen* wird, *beschränkt* sich die Adoption darauf, die schon vorher existierende trennende Situation zu heilen. So sehr übrigens die Adoption verlassener Kinder zu ermutigen und zu ermöglichen ist, so sehr muß aber auch darauf geachtet werden, daß die Begleitumstände günstig sind. Vor allem muß verhindert werden, das adoptierte Kind zu einem bloßen Objekt werden zu lassen, um seine Adoptiveltern glücklich zu machen; es muß um seiner selbst willen geliebt werden, so wie es ist.

authentischen Liebe. Die dritte Gruppe — von der wir jetzt sprechen werden, behandelt die Unauflöslichkeit des ehelichen Bundes.

3. *Die Unauflöslichkeit des Bundes*

Die dritte charakteristische Eigenschaft der durch Christus gelebten menschlichen Liebe wird uns zu jenen Fragen hinführen, die sich mit der Ehescheidung befassen und mit der Wiederverheiratung von Geschiedenen.

Die Ehescheidung

Ein Bund, welcher ausschließlich, treu und unwiderruflich ist

Die einzige eheliche Verbindung, die dem Bilde der Liebe Christi zu seiner Kirche entspricht, ist eine sich als exklusiv verstehende Ehe, d.h., die monogam ist (sie verwirft die *Polygamie),* die treu ist, (sie verwirft den *Ehebruch*) und die unumkehrbar ist (sie verwirft die *Ehescheidung* der eine *Wiederverheiratung* folgt). Der erste Punkt — die Monogamie — hat sich nach und nach in allen Kulturen durchgesetzt. Die gleichzeitig spirituelle und fleischliche Hingabe seiner selbst kann in ihrer Fülle nur nach dem Beispiel Jesu gelebt werden, der sich auf ausschließliche Weise seiner Gattin gibt: Du, und nur du allein, bis zum Tod. Selbst aus rein philosophischer Sicht verlangt die Würde der menschlichen Person diese Exklusivität. Man kann sich nicht in Wahrheit mit Leib und Seele mehreren Personen gleichzeitig hingeben. Daher sind sowohl die Polygamie als auch der Ehebruch vom menschlichen und christlichen Standpunkt aus unannehmbar.

Ist es möglich, sich für immer zu binden?

Die Frage der Unauflöslichkeit der Ehe scheint auf den ersten Blick weniger einleuchtend zu sein. «Wie kann ich mich heute schon für das ganze Leben engagieren, da ich ja nicht weiß, wie ich und mein Partner oder meine Partnerin sich später entwikkeln werden?» Die Schwierigkeit ist noch um so größer, da die gegenwärtige Mentalität ihren Blick auf das Augenblickliche richtet und ständige Änderungen vorsieht, was den Sinn abstumpft für ein Engagement auf lange Sicht. Dennoch entspricht nur die nicht mehr rückgängig zu machende eheliche Verbindung wirklich der Würde der Personen, die zwar in der Zeit mit all ihren Wechselfällen leben, die jedoch, eben weil sie spirituelle Personen sind, über der Vergänglichkeit der Zeit stehen und nicht durch sie begrenzt werden. Sich dem anderen gegenüber in der Liebe des Herzens und des Körpers zu engagieren, aber nur für eine gewisse Zeit in der Ungewißheit des Lebens, ist meiner und des anderen nicht würdig. Auf solche Weise zu lieben, das bedeutet nicht mehr, sich an die Person des anderen zu binden, so wie sie ist, an ihr tiefstes Du, sondern sie ist dann nur noch eine teilweise und vorübergehende Dimension meines Seins, aber das ist dann nicht mehr ein Lieben im vollen Sinn des Wortes.

Die Radikalität der Worte Jesu

Auf christlicher Ebene sind die Worte Jesu dazu von unmißverständlicher Klarheit:

«Am Anfang der Schöpfung aber hat Gott sie als Mann und Frau geschaffen. Darum wird der Mann Vater und Mutter verlassen, und die zwei werden ein Fleisch sein. Sie sind also nicht mehr zwei, sondern eins. Was aber Gott verbunden hat, das darf der Mensch nicht trennen. (...) Wer seine Frau aus der Ehe entläßt und eine andere heiratet, begeht ihr gegenüber Ehebruch. Auch eine Frau begeht Ehebruch, wenn sie ihren Mann aus der Ehe entläßt und einen anderen heiratet» (Mk 10, 6-12).

Dem anderen treu sein, nach dem Bilde Christi, was immer auch geschieht

Diese feierliche Erklärung Jesu stellt hohe Anforderungen, aber sie stimmt in vollkommener Weise mit dem Bund überein, in den der Herr die Christen einführt, die die Ehe miteinander eingehen, nämlich seinen eigenen Liebesbund mit seiner Kirche.

Wie aber liebt Gott sein Volk, wie liebt Christus seine Gattin? Mit einer Liebe, die sich hingibt bis zum Ende, ungeachtet all unseres Verrats. Niemand ist gezwungen, eine christliche Ehe einzugehen; wenn du dich aber in ihr engagierst, dann ist der einzige wirklich dem Bilde Christi entsprechende Bund der, in dem du dich dem anderen gegenüber verpflichtest und versprichst, ihm treu zu sein, selbst wenn dieser vielleicht untreu wird. Irrsinnig scheint das zu sein, und es ist es auch in gewisser Weise. Aber nur dieser «Irrsinn» legt Zeugnis ab von der «irrsinnigen» Liebe Gottes.

Dies ist der Grund, warum die Kirche, indem sie sich direkt auf das Evangelium bezieht, unerschütterlich daran festhält, daß jede gültig unter Getauften gefeierte Eheschließung vollkommen unauflöslich ist, sobald die eheliche Vereinigung einmal vollzogen ist. Du erkennst hier wieder die große Bedeutung, die im christlichen Glauben dem Körper eingeräumt wird. Denn damit eine gültige Ehe unauflöslich wird, genügt nicht die Feier des Sakramentes, es ist außerdem erforderlich, daß der Bund im Fleische besiegelt wird.

Und die Mißerfolge?

«Aber», wirst du sagen, «wie soll man zu all den leidvollen Problemen stehen, die sich aus dem Zerfall des ehelichen Lebens ergeben?»

Der Fall der ungültigen Ehen

Es gibt Fälle — sie sind allerdings selten —, wo die Kirche nach sorgfältiger Untersuchung zu dem Schluß kommen kann, daß auf Grund eines annullierenden Tatbestandes oder eines schwerwiegenden Mangels an Zustimmung eine Ehe nie bestanden hat. In diesem Falle löst die Kirche nicht eine gültig geschlossene Ehe auf, sondern sie erklärt ganz einfach die Ungültigkeit einer Ehe, die in der Tat niemals gültig bestanden hat. In allen anderen Fällen aber sieht sich die katholische Kirche, da sie an eine Realität gebunden ist; die außerhalb ihrer selbst liegt, in keiner Weise ermächtigt, eine Ehe aufzulösen, die zwischen Getauften gültig kirchlich zelebriert und im Fleische vollzogen wurde.[10]

Die christliche Ehe erfordert eine ernsthafte Vorbereitung

Angesichts so vieler zerbrochener christlicher Ehen muß zunächst darauf hingewiesen werden, wie wichtig es ist, sich gut und auf die Feier dieses Sakramentes vorzubereiten. Allzu viele Christen sind der Ansicht, daß man zwar, um sich auf das Ordensleben vorzubereiten, ein zwei- bis dreijähriges Noviziat nötig hat, daß bei einer Heirat aber eine gebührende Vorbereitung keineswegs erforderlich sei. Ist denn der Einsatz in der Ehe weniger bedeutend als die Bindung im Priester- oder Ordensstand? Wenn allerdings eine religiöse Eheschließung kaum mehr bedeutet als die Freude an einer ergreifenden Zeremonie in einer schönen Kirche, dann braucht man sich nicht zu wundern, daß die Gnade des Sakramentes unwirksam bleibt!

Sich aktiv auf die Reichtümer der Gnade stützen

Auch später, nach einer angemessenen Vorbereitung auf die Ehe, sind, aufbauend auf die Feier des Sakramentes, noch beharrliche Anstrengungen erforderlich, um aus der damit verbundenen Gnade zu leben. Wenn zwei Christen kirchlich heiraten, so bitten sie Christus, ihnen als Garantie für ihre Liebe die gleiche Liebe zu geben, mit der er, Jesus, seine Kirche geliebt hat und noch liebt; eine Liebe, die bis ans Kreuz reicht und die sich hingibt in der

---

10 Viele Christen entrüsten sich — und ich verstehe sie —, daß die Kirche sich als nicht berechtigt erkennt, eine gescheiterte Ehe aufzulösen, während sie es andererseits manchmal erlaubt, daß jene Priester, die ihrem Zölibat untreu geworden sind, von ihren Verpflichtungen befreit werden und kirchlich heiraten können. Dadurch wird der ärgerliche Eindruck erweckt, als ob die Kirche inbezug auf die Laien unerbittlich sei, während sich der Klerus unter sich arrangiert. In Wirklichkeit ist die Sachlage in beiden Fällen sehr verschieden. In der Frage der Unauflöslichkeit der Ehe ist die Kirche von der Natur der Sache her und durch den ausdrücklichen Willen des Herrn selbst gebunden, während der Zölibat nicht notwendigerweise an das Priestertum gebunden ist und von einer Entscheidung der Kirche selbst abhängt. Die Barmherzigkeit der Kirche kann in diesem letzteren Fall von einer Freiheit Gebrauch machen, über die sie im ersteren Fall nicht verfügt. Der Skandal wird damit jedoch nicht aus der Welt geschafft, da eine freiwillig übernommene Verpflichtung nicht eingehalten wurde. Es ist erfreulich, daß Rom seit einigen Jahren kaum noch diese Art von Dispensen erteilt, über die das christliche Volk sich entrüstet.

Eucharistie. Logischerweise ist daraus der Schluß zu ziehen, daß eine christliche Ehe nur gelingen kann, wenn die Liebe der Gatten beständig durch Christus genährt und gestärkt wird im Gebet, in dem regelmäßigen Empfang des Bußsakramentes und der häufigen Kommunion. Wenn man diese Mittel nicht benutzt, die der Herr uns anbietet, um den Bund zu leben, den er uns vorschlägt, dann dürfte es kaum möglich sein, bei Prüfungen und Stürmen durchzuhalten und der Monotonie der Zeit Widerstand zu leisten.

Weil viele Ehepaare diese ihnen vom Herrn so großmütig gewährten Mittel nicht zu Hilfe nehmen, weil sie sich nicht psychologisch ergänzen und sich nicht die notwendige Zeit nehmen, um zusammen zu sein und miteinander zu sprechen, darum fassen sie bei der ersten schweren Krise den Entschluß, sich zu trennen. Wie viele Ehescheidungen mit all den negativen Auswirkungen für die Kinder hätten durch ein intensiveres, spirituelles christliches Leben vermieden werden können?

Nicht alle gescheiterten Ehen «in den gleichen Topf werfen»

Was soll man aber tun, wenn die christlichen Ehegatten sich trotz allem getrennt haben und sogar standesamtlich geschieden sind?

Zunächst müssen hier die notwendigen Unterscheidungen getroffen werden, und man darf nicht alles sozusagen über einen Kamm scheren. Johannes Paul II. selbst hat darauf hingewiesen in seinem apostolischen Schreiben über die christliche Familie (*familiaris consortio*) aus dem Jahre 1981:

> «Die Hirten sollen wissen, daß sie aus Liebe zur Wahrheit die Verpflichtung haben, die jeweiligen Gegebenheiten sorgfältig zu unterscheiden. Es besteht nämlich ein Unterschied zwischen denen, die sich aufrichtig bemüht haben, die erste Ehe zu retten und die zu Unrecht verlassen wurden, und jenen anderen, die durch eine schwere Schuld eine kirchlich gültige Ehe zerstört haben. Schließlich ist auch der Fall derer zu erwähnen, die um

der Erziehung der Kinder willen einen zweiten Bund geschlossen haben, und die manchmal vor ihrem Gewissen die subjektive Gewißheit haben, daß ihre vorherige, unrettbar zerstörte Ehe niemals gültig gewesen war» (G 84,2).

Diejenigen ermutigen, die darunter leiden, verlassen worden zu sein

Es ist Sache von uns allen, jene zu Unrecht verlassenen Ehegatten, die oft sogar zur Scheidung gezwungen worden sind, mit all unserer Sympathie zu umgeben, und die, da sie sich der Unauflöslichkeit der Ehe wohl bewußt sind, ihrem Gatten (ihrer Gattin) treu bleiben wollen und die, obwohl der Bund zerbrochen ist, sich weigern, an eine neue zivile Eheschließung zu denken. Im Gegensatz zu einer weit verbreiteten irrtümlichen Ansicht mußt du wissen, daß diese Personen, so lange sie keinen neuen Bund eingehen, die heilige Kommunion empfangen und voll am Leben der Kirche teilnehmen können. Sie sind dazu sogar noch mehr berechtigt, da sie näher am Mysterium Christi teilnehmen, der von den Seinigen verlassen worden war.

Die Wiederverheiratung Geschiedener

Den wiederverheirateten Geschiedenen helfen

Der Fall der wiederverheirateten Geschiedenen ist wesentlich schwieriger. Was immer auch die manchmal so verständlichen Gründe sein mögen, die sie veranlaßt haben, eine neue standesamtliche Verbindung einzugehen, so bleibt doch die Tatsache bestehen, daß ihre Situation objektiv der von Christus gewollten Unauflöslichkeit des Bundes widerspricht. Nach dem Beispiel der dem Evangelium entsprechenden Barmherzigkeit lädt die Kirche indessen ihre Glieder ein, den wiederverheirateten Geschiedenen zu helfen und sie mit großer Liebe zu umgeben, damit sie sich nicht von der Kirche getrennt fühlen.

In dem gleichen, oben angeführten Texte besteht Johannes Paul II. nachdrücklich auf diesem Punkt: «Die Kirche soll für sie beten, sie ermutigen und sich ihnen als eine barmherzige Mutter zeigen, damit sie so im Glauben und in der Hoffnung erhalten werden» (§ 84,3).

Sie können am Leben der Kirche teilnehmen

Wie alle anderen Getauften können und sollen die wiederverheirateten Geschiedenen am Leben der Kirche in deren verschiedenen Bereichen teilnehmen. Sie sollen es jedoch vermeiden, sich um Aufgaben zu bemühen, die sie in die delikate Situation eines «Gegenzeugnisses» bringen, wie z.B. die Erteilung von Religionsunterricht oder die Leitung einer katholischen Schule.

Sie können jedoch nicht die heilige Kommunion empfangen

Das heikelste Problem ist natürlich das der Teilnahme am Sakrament der Eucharistie. Die Kirche verlangt nämlich, daß die wiederverheirateten Geschiedenen wohl an der heiligen Messe teilnehmen, sich aber der heiligen Kommunion enthalten. Der Grund dieser Haltung leuchtet ein. Die wiederverheirateten Geschiedenen befinden sich nämlich objektiv im Zustand der Trennung von dem neuen und ewigen Bund, der durch das Sakrament der Ehe verkündet wurde. Wie könnten sie auch, ohne daß sich ein Widerspruch ergäbe, zur gleichen Zeit eben diesen neuen und ewigen Bund verkünden, indem sie den Leib des Herrn empfingen?

Sich einen objektiven Standpunkt zu eigen machen

Vielleicht bist du darüber im ersten Augenblick verwirrt? Es ist ja bei der heutigen Mentalität nicht leicht, einen «objektiven» Standpunkt einzunehmen. Die Kirche kennt ihre Kinder. Sie weiß sehr gut, daß subjektiv die Absichten der wiederverheirateten Geschiedenen manchmal sehr gut sein können, sogar wesentlich großmütiger als die all jener Ehepaare, die zwar ordnungsgemäß verheiratet, aber recht mittelmäßig sind. Was würde indessen geschehen, wenn die Kirche, im Namen solcher subjektiv lobwürdigen Absichten, den objektiven Widerspruch zwischen einer Wiederverheiratung nach einer Scheidung und der Eucharistie vergäße? Dies würde dazu führen, daß die Lehre der Kirche über die Unauflöslichkeit der Ehe unverständlich und nichtig würde und daß all jene Christen verunsichert oder sogar entmutigt würden, die sich unter Aufbringung großer Leiden bemühen, dem Ehebund treu zu bleiben, selbst wenn sie einem schmerzvollen Verrat zum Opfer gefallen sind.[11]

Eine andere Weise, den Herrn zu empfangen

Soll damit gesagt werden, daß die wiederverheirateten Geschiedenen ausgeschlossen sind von der Gnade des Herrn? Keineswegs. Die eucharistische Kommunion ist das allgemein übliche Mittel, um hier auf Erden an der Liebe Jesu zu uns teilzunehmen. Gott ist aber nicht der Gefangene der Sakramente seiner Liebe. Was bedeutet kommunizieren nämlich anderes, als der gekreuzigten Liebe des Herrn zu begegnen und Anteil zu haben an seiner Frucht des Lebens? Die wiederverheirateten Geschiedenen sind durch ihre Enthaltung von der Eucharistie zu dieser Begegnung und Teilnahme eingeladen. Diesen durch das Zerbrechen ihrer ersten Ehe oft zutiefst gezeichneten Christen und Christinnen sagt Jesus: «Du, mein Bruder, du, meine Schwester, durch den Verzicht auf die Kommunion geschieht es, daß ihr teilnehmt an meinem Kreuz und an meiner Auferstehung. Nimm dieses Leiden an aus Liebe zu mir und aus Ehrfurcht vor meinem Bund der Liebe; und ich, dein Herr und dein Gott, ich werde Mittel und Wege finden, dich

---

11 Vielleicht schockiert es dich, daß die Kirche den wiederverheirateten Geschiedenen die Eucharistie verwehrt, während man doch manchmal problemlos jene Christen kommunizieren sieht, die wegen ihres anstößiges Verhaltens in ethischer, sozialer, wirtschaftlicher oder politischer Hinsicht öffentlich bekannt sind. Hier muß ein Unterschied gemacht werden zwischen einer Verhaltensweise und einer objektiven tatsächlichen Situation. Die Kirche kann sich nicht daran begeben, die persönliche Verhaltensweise jedes einzelnen zu überprüfen, um zu sagen: «Du darfst kommunizieren, und du nicht.» Sie muß das dem Gewissen der einzelnen überlassen. Im Fall der wiederverheirateten Geschiedenen urteilt die Kirche nicht über ihre inneren Dispositionen, sie zieht lediglich den Widerspruch in Erwägung zwischen ihrer objektiven Situation und dem Sakrament der Ehe.

auf andere Weise zu stärken und zu erfüllen. Setze dein Vertrauen auf mich und meine Kirche.»

Gelegentlich kommt es vor, daß wiederverheiratete Geschiedene — manchmal auch mit dem ungerechtfertigten Einverständnis ihrer Hirten — sich erlauben, die heilige Kommunion dort zu empfangen, wo man sie nicht kennt. Damit vermeiden sie zwar jeden Skandal, dies hindert jedoch nicht daran, daß der objektive Widerspruch zwischen dieser Geste und ihrer tatsächlichen Situation bestehen bleibt. Der Herr wird ihr Verhalten mit Barmherzigkeit beurteilen; es wäre aber wesentlich gerechter und nutzbringender, wenn sie fortfahren würden, mit Liebe das eucharistische «Fasten» zu leben, um es so auszudrücken, denn der Herr lädt sie durch seine Kirche dazu ein.

Die Reichtümer der Barmherzigkeit

Das Gleiche gilt für das Bußsakrament. Es kann den wiederverheirateten Geschiedenen nur dann gewährt werden, wenn sie es bereuen, den Bund gebrochen zu haben und entschlossen sind, eine Lebensform anzunehmen, die nicht mehr der Unauflöslichkeit der Ehe widerspricht. Da die wiederverheirateten Geschiedenen sich in vielen Fällen wegen der Kinder nicht trennen können, besteht die Lösung darin, künftig wie Bruder und Schwester zu leben und sich all jener Akte zu enthalten, die der ehelichen Vereinigung eigen sind. Es versteht sich von selbst, daß nur diejenigen Christen, die sehr motiviert sind, die ein intensives geistliches Leben führen, diesen Weg beschreiten können, der wirklich heroisch ist. Die anderen — und das ist die weitaus größere Zahl — sind jedoch deshalb nicht von der Barmherzigkeit Gottes ausgeschlossen, denn auch hier gilt wieder, daß der Herr nicht der Gefangene seiner Sakramente ist. Gewiß ist das Bußsakrament der normale Weg der Versöhnung; denjenigen aber, die sich wegen ihrer nicht der Ordnung entsprechenden ehelichen Situation diesem

Viel Sanftmut und Geduld

Sakrament nicht nähern können, öffnet der Herr andere Quellen der Verzeihung; vorausgesetzt, daß ihr Herz großmütig für seine Gnade geöffnet bleibt.

Ich sah mich gezwungen, das alles nur kurz zu erwähnen, ohne auf Details einzugehen; es versteht sich jedoch von selbst, daß man denen, die sich in einer solchen Lage befinden, alle notwendige Zeit zur Verfügung stellen muß, in äußerster Ehrfurcht und Sanftmut, damit das Wort Gottes nicht Lügen gestraft werde:

> «Kommt zu mir alle, die ihr euch plagt und schwere Lasten zu tragen habt. Ich werde euch Ruhe verschaffen. Nehmt mein Joch auf euch und lernt von mir; denn ich bin gütig und von Herzen demütig; so werdet ihr Ruhe finden für eure Seele. Denn mein Joch drückt nicht, und meine Last ist leicht» (Mt 11, 25-30).

Mit diesen Gedanken beenden wir die Untersuchung jener Fragen, die sich mit der Unauflöslichkeit des Bundes befassen. Wir werden uns nun jenen Problemen zuwenden, die seine Fruchtbarkeit behandeln.

4. *Die Fruchtbarkeit des Bundes*

Dieses vierte und letzte Charakteristikum der menschlichen Liebe, wie sie von Jesus gelebt wird in seinem ehelichen Bund mit der Kirche, wird uns nun dazu hinführen, zwei sehr umstrittene Fragen zu behandeln, nämlich die Empfängnisverhütung und die Abtreibung.

Die Empfängnisverhütung

Die Liebe, Quelle des Lebens

Der Bund zwischen Christus und der Kirche ist Quelle des Lebens. Dadurch, daß Christus und die Kirche sich miteinander vereinen, zeugen sie uns alle und jeden einzelnen von uns zum neuen Leben des Gottesreiches. Darum sprechen wir von der Kirche als von «unserer Mutter».

Eine christliche eheliche Liebe wird also nur dann authentisch sein, wenn sie in der sexuellen Vereinigung der Gatten ein Abbild dieser am Kreuze besiegelten hochzeitlichen Fruchtbarkeit zwischen Jesus und seiner Kirche ist.

Die gegenseitige Durchdringung von Liebe und Fruchtbarkeit

Dieser tiefe Zusammenhang zwischen der ehelichen Vereinigung und der Fruchtbarkeit zeigt sich übrigens nicht nur dem, der mit den Augen des Christen die letzte Bestimmung der menschlichen Sexualität betrachtet. Es genügt schon, sich ihr auf philosophischem oder psychologischem Wege zu nähern, um sie offenkundig werden zu lassen. Frage dich über den Sinn der Tatsache, daß die Vereinigung von Mann und Frau ihre Krönung in einer Geste findet — nämlich der sexuellen Vereinigung —, die durch die ihr eigene Logik für die Zeugung eines neuen Lebens offen und schon von ihrer Struktur her daraufhin ausgerichtet ist. Haben wir hier nicht ein ganz konkretes Zeichen einer wesenhaften Verbindung zwischen der Liebe und der Fruchtbarkeit, eingeschrieben bis hin in deinen Leib? Und frage dich, warum an den sexuellen Akt eine so tief empfundene Freude, eine so intensive Lust gebunden sind. Ist es nicht deshalb, weil das Leben selbst mit ihm in Zusammenhang steht? Müßte man nicht sagen, daß das Geschlechtliche ein intensiver Genuß des Lebens ist, weil es von seiner Natur her auf dessen Weitergabe hin ausgerichtet ist? Und was das Psychologische betrifft, so braucht man kein Schüler Freuds zu sein, um zu wissen, wie sehr das Verlangen zu zeugen, der Instinkt der Weitergabe des Lebens zutiefst sowohl in den psychischen wie auch physiologischen Mechanismen der Sexualität verwurzelt ist. Ja, sowohl vom Standpunkt der Vernunft aus wie auch in den Augen des Glaubens greifen die sexuelle Liebe und die Offenheit für die Weitergabe des Lebens eng ineinander über.

Eine verantwortete Weitergabe des Lebens

Die ethische Frage der Empfängnisverhütung stellt sich von der Tatsache her, daß die strukturelle Verbindung zwischen Liebe und Fruchtbarkeit der menschlichen Freiheit anvertraut ist. In der Tierwelt geht die Lebensweitergabe sozusagen mechanisch vor sich, angetrieben vom blinden Instinkt. Beim Menschen dagegen hängt die Offenheit der beiderseitigen Liebe zur Weitergabe des Lebens, wenn sie auch in die tiefe Logik der Sexualität eingeschrieben ist, von der Verantwortlichkeit der Gatten ab. So ergibt sich der Begriff von der *verantwortlichen Elternschaft*.

Einem Kinde das Leben zu schenken, muß nicht unbedingt das Ergebnis einer bewußten Entscheidung und einer ganz nüchternen Berechnung sein, denn der sexuelle Ausdruck der Liebe hängt völlig legitim zum Teil von der Improvisation und der Spontaneität ab. Noch weniger aber darf die Gabe des Lebens vom Antrieb der Lust oder vom anarchischen Zufall des Instinktes abhängen. Bei der Weitergabe des Lebens nämlich und bei der Bestimmung der Zahl der Kinder, die sie entgegenzunehmen gedenken, müssen die Eltern vieles in Rechnung ziehen: Das wahre Wohl des Ehepaares, das zu erwartende Glück der Kinder, die wirtschaftliche und soziale Situation der Familie und endlich auch die ethische Forderung, für die Gabe Gottes offen zu sein.

Die falschen Ideale der Konsumgesellschaft

Man hat oft den Standpunkt der katholischen Kirche zu diesen Fragen lächerlich gemacht, als ob sie den Gatten anempfehlen würde, systematisch die größtmögliche Zahl von Kindern zu haben, wie es biologisch innerhalb der Ehe nur irgend möglich sei. Nichts ist falscher. Gewiß, die Kirche ruft zu großmütiger Fruchtbarkeit auf, die aber zu kontrollieren ist, d.h., die auf die gegebenen Begleitumstände zu achten hat. Es stimmt allerdings, daß die Kirche, indem sie auf der grundsätzlichen Offenheit der Liebe für die Fruchtbarkeit besteht, besonders in unseren Tagen, die Idole der Konsumgesellschaft in Frage stellt. Diese redet nämlich vielen jungen Ehepaaren ein, sich im Interesse ihres eigenen Glükkes und dem ihrer zukünftigen Kinder zunächst einmal die Zeit zu nehmen, zu zweit miteinander glücklich zu sein, sich eine sichere Existenz zu schaffen, einen soliden häuslichen Komfort einzurichten und erst danach eventuell ein Kind kommen zu lassen. In der Hierarchie der für eine glückliche Familie unerläßlichen Werte nimmt in der Konsumgesellschaft, die den wahren Sinn der Liebe nicht kennt, der willentlich hervorgerufene Orgasmus die erste Stelle ein, gefolgt vom Konto auf der Bank und der Ausstattung mit elektrischen Apparaten. Das Schlußlicht bildet dann das Kind (eins oder höchstens zwei…) Wenn du dich von dieser materialistischen Auffassung vom Glück anstecken läßt, dann ist es klar, daß du, wie so viele andere, veranlaßt wirst, die ersten Jahre des Ehelebens nicht unter das Zeichen der verantworteten Elternschaft, sondern unter das der systematischen Sterilität zu stellen. Der beunruhigende demographische Rückgang, der dazu führt, daß die alten christlichen Länder des Westens vom Aussterben bedroht sind, läßt die tödliche Sackgasse dieser Konsumgesellschaft offenkundig werden, die in ihrem vergnügungssüchtigen Egoismus schließlich damit enden wird, die Verbraucher selbst zum Verschwinden zu bringen. Eine Zivilisation, in der das Ehepaar — oder zumindest die Frau — fest unter der Herrschaft der «Pille» steht, hat keine Zukunft mehr. In einer selbstmörderischen Umkehr der Werte geht sie ihrem Tode entgegen.

Die Mittel für die Geburtenregelung

Betrachtet man vom ethischen Standpunkt aus eine gerechtfertigte Regelung der Geburten, so hängt viel von der Art der angewandten Mittel ab. Wie immer im Bereich der Ethik, genügt die gute Absicht nicht; man muß auch noch zusehen, durch welche Mittel man sie in die Praxis umsetzt. Daher verwirft das christliche Gewissen aus Gründen, die ohne weiteres einleuchten und von denen ich später noch sprechen werde, unumschränkt die Abtreibung als Mittel zur Regelung der Geburten. Ebenso radikal negativ ist ihr Urteil betreffs der absichtlichen Sterilisation (Abbinden der Eileiter oder der ableitenden Kanäle), ganz gleich, ob es nur zeitweise oder endgültig geschieht. Die Sterilisation drückt nämlich den entschiedenen Willen aus, auf lange Sicht hin die sexuelle Liebe von jeglicher Offenheit zur Fruchtbarkeit — auch einer lediglich möglichen — zu trennen.[12]

Natürliche und künstliche Methoden

Noch vielschichtiger ist die Debatte, wo es sich um andere — und häufigere — Methoden der Geburtenregelung handelt. Der Stein des Anstoßes in der Diskussion besteht hier darin, daß die Kirche einen Unterschied macht zwischen den künstlichen oder empfängnisverhütenden Methoden auf der einen und den natürlichen Methoden auf der anderen Seite, und daß sie die ersteren ablehnt, während sie es für legitim erachtet, sich der zweiten zu bedienen.

Einige Worterklärungen

Präzisieren wir zunächst einige Begriffsbestimmungen. Unter «künstlichen» oder «empfängnisverhütenden» Methoden versteht man all jene Methoden, *die aktiv in den Ablauf des ehelichen Aktes*

12 Beachte hier das ausgewogene Gleichgewicht der katholischen Lehre. Für sie macht nämlich die Impotenz der Gatten (d.h. ihre Unfähigkeit, den sexuellen Akt zu vollziehen), eine Ehe ungültig. Die tatsächliche Sterilität hingegen ist kein Ehehindernis und ermöglicht nicht ihre Annullierung. Würde nämlich der Wert der Ehe von der tatsächlichen Fruchtbarkeit abhängen, dann wäre die Lebensweitergabe auf Kosten der Liebe zu hoch veranschlagt. Eine absichtliche Sterilisation hingegen gibt in mißbräuchlicher Weise der (nicht in rechter Weise verstandenen) sexuellen Liebe einen zu hohen Stellenwert, da sie grundsätzlich für die Gabe des Lebens nicht geöffnet ist.

eingreifen, entweder vorher, zu gleicher Zeit oder danach, in der Absicht, ihn unfruchtbar zu machen, wobei es sich entweder um mechanische Mittel handelt (die männlichen Präservative), um chemische (spermentötende Cremes), um physische (das Empfängnisverhütungsstäbchen; französisch: «stérilet») oder hormonale (die «Pille»). Unter «natürlichen» Methoden sind diejenigen Methoden zu verstehen, die sich darum bemühen, *die unfruchtbaren und fruchtbaren Perioden im Zyklus der Frau zu erkennen,* um die sexuellen Beziehungen auf die unfruchtbaren Zeiten zu beschränken, wobei es sich um die Methode «Ogino» handeln kann (recht zuverlässig), um die Methode der Temperaturmessung (sie erfordert eine lange Zeit der Enthaltsamkeit) oder um die neueren Methoden, bei denen verschiedene Indizien beobachtet werden, die sehr zuverlässig sind, wenn sie richtig gelehrt und angewendet werden (Datumsberechnung, Beobachtung der Temperatur, des Zervixschleimes, des Gebärmuttereingangs usw.).

Ziele und Mittel dazu

Du wirst bemerken, daß die künstlichen Methoden sich von den natürlichen ganz wesentlich unterscheiden, und zwar durch die Art des Vorgehens (ein direkter Eingriff im ersten Fall und Beobachtung im zweiten), während das angestrebte Ziel in beiden Fällen das gleiche ist, nämlich einen Zwischenraum zwischen den einzelnen Geburten herbeizuführen oder auch, gar keine Kinder zu haben. Dies läßt dich aufs neue daran denken, daß diese ganze Diskussion über die Geburtenregelung sich letzten Endes um den objektiven sittlichen Wert der angewandten Mittel dreht. Andererseits mußt du erkennen, daß auch ein in sich gutes Ziel, wie die verantwortete Elternschaft, nicht genügt, um jedes beliebige Mittel anzuwenden, wie es andererseits auch nicht ausreichend ist, objektiv korrekte Mittel anzuwenden, um damit automatisch auf ethischem

Gebiet «in Ordnung» zu sein! Ein Ehepaar, das in seinem egoistischen Wunsch, sich nicht mit Kindern zu belasten, ständig die natürlichen Methoden der Fruchtbarkeitskontrolle anwendet, handelt in den Augen der Kirche in schwerwiegender Weise dem Ideal der menschlichen und christlichen Liebe zuwider.

Das Wesentliche erkennen

Nach diesen unerläßlichen Vorbemerkungen wollen wir die Frage behandeln, die sich dir stellt, nämlich warum die katholische Kirche sich so streng den künstlichen oder empfängnisverhütenden Methoden der Geburtenregelung widersetzt.[13] Hier, wie auch bei der künstlichen Befruchtung, muß klar unterschieden werden zwischen dem, was wesentlich ist, und dem, was mehr am Rande liegt, mag es auch von großer Bedeutung sein.

Unwesentliche Einwände

Man kann z.B. über die schwerwiegenden moralischen Folgen einer allgemeinen Verbreitung der Empfängnisverhütung besorgt sein, wie sie sich u.a. auf sozialer, kollektiver und individueller Ebene ergeben. Es ist nämlich erwiesen, daß der systematische und schließlich alltäglich gewordene Gebrauch empfängnisverhütender Mittel eine Lockerung der Sitten mit sich bringt, ja, sogar die zügellose Ausschweifung begünstigt, die männliche Verantwortungslosigkeit stärkt («Sie braucht ja nur die Pille zu nehmen»), ebenso wie die der Frau («Mit der Pille kann mir nichts passieren»), daß damit der Sinn für das Kind unterhöhlt wird (das als eine Bedrohung empfunden wird) und die allgemeine Mentalität für die Abtreibung empfänglich wird (um damit einen Mißerfolg bei der Empfängnisverhütung wieder «auszubügeln»), usw.

13 Ganz in der Linie seiner Vorgänger: Pius XI., Pius XII. und Johannes XXIII. hat auch Papst Paul VI. ganz klar zu dieser Frage Stellung genommen in der Enzyklika «Humanae Vitae» (1968). Johannes Paul II. weist immer wieder darauf hin, sowohl mündlich als auch schriftlich (siehe vor allem sein apostolisches Lehrschreiben über die Aufgaben der christlichen Familie: *Familiaris consortio* (1981).

Auf politischer Ebene sehen es leider die reichen Länder für bequemer und rentabler an, den armen Ländern Programme zur Sterilisation und Empfängnisverhütung aufzunötigen, als ihnen positive Mitarbeit bei ihrer wirtschaftlichen Entwicklung anzubieten, wobei noch darauf hinzuweisen ist, daß es bei all diesen Vorhaben letztlich der Staat ist, der sich an die Stelle der Eltern drängt und der ihnen seine eigenen Ansichten über die Familie und das Kind aufzwingt.

All diese Einwände gegen die Empfängnisverhütung haben ihr Gewicht, manchmal sogar ein sehr bedeutendes, aber sie stoßen nicht bis zum Wesentlichen vor, denn man könnte immerhin zur Antwort geben, daß es sich dabei um eine mißbräuchliche Anwendung der Empfängnisverhütung handelt, womit keine stichhaltigen Argumente gegen ihren maßvollen Gebrauch in dieser oder jener konkreten Situation geliefert werden. Auch das wachsende Mißtrauen gegen die Pille aus ökologischen Erwägungen heraus bleibt noch am Rande des Problems. Man kann sich allerdings freuen, daß auf diesem Umweg die prophetische Warnung Pauls des VI., 1968, gegen die Empfängnisverhütung nun in gewissen Kreisen besser aufgenommen wird, da sie zu Recht beunruhigt sind über diese ständige Mißachtung der tiefsten physiologischen und psychologischen Mechanismen der Personen durch die Empfängnisverhütung, wie es besonders bei der Anwendung von Hormonen geschieht. All diese hygienischen Erwägungen stoßen jedoch, ungeachtet ihrer Wichtigkeit, nicht bis zum Kern des durch die Empfängnisverhütung gestellten Problemes vor.

Im wesentlichen handelt es sich nicht um das Biologische

Welches ist also der tiefste Beweggrund, der die katholische Kirche veranlaßt, die künstliche Empfängnisverhütung abzulehnen, während sie die natürlichen Methoden der Geburtenregelung erlaubt?

Ungeachtet des durch das gebrauchte Vokabular hervorgerufenen irreführenden Anscheins handelt es sich dabei nicht um die bloße Tatsache, daß die erste «künstlich» und die zweite «natürlich» ist im Sinne der «Respektierung der biologischen Ordnung». Etwas «Künstliches» ist nämlich nicht ohne weiteres nur deshalb zu verurteilen, weil es eben künstlich ist! Unsere ganze Kultur, unsere Wissenschaft, all unsere technischen Errungenschaften sind ja letzten Endes «künstlich» und beruhen auf Eingriffen des Menschen in den «natürlichen» Ablauf der Dinge. Außerdem sind die sogenannten «natürlichen» Methoden auch auf ihre Weise «künstlich», da man sich nämlich der Thermometer bedient, sowie detaillierter Untersuchungen usw. Was aber die «biologische Natur» betrifft, so verdient sie als solche keinen absoluten Respekt. Man kann eher sagen, daß das Gegenteil zutrifft, denn die ganze Zivilisation ist auf die Überschreitung der ursprünglichen biologischen Abläufe hin ausgerichtet. Essen ist z.B. für den Menschen weitaus mehr als Proteine und Kalorien zu sich zu nehmen...

Es geht um ein geistliches Problem

Du mußt verstehen, daß in den Augen des Glaubens — wie auch vom Standpunkt einer einwandfreien Philosophie her — die Frage der Empfängnisverhütung spiritueller Ordnung ist. Gewiß, das Problem hat natürlich seine biologischen Aspekte (für die Engel gibt es ja, wie du weißt, das Problem der Empfängnisverhütung nicht); letztenendes geht es aber um die *Person* und ihre Haltung gegenüber dem Ehegatten, dem Mysterium des Lebens und der Gabe Gottes.

Sind wir etwa Herren über die Pläne Gottes?

Bei der künstlichen Empfängnisverhütung begeben sich Mann und Frau auf ein Gebiet außerhalb der strukturellen und sehr tiefen Verbindung zwischen der Liebe und der Fruchtbarkeit. Sie nehmen den Platz des Schöpfers ein und betrachten sich als

Herren dieser Verbindung, um sie nach Belieben zu *beherrschen*, indem sie *willentlich* die beiden Aspekte der Sexualität auseinanderreißen.[14] Wenn sie die menschliche Sexualität manipulieren und sich als Schiedsrichter und Herren über die göttlichen Ratschlüsse aufspielen, dann hören die Gatten durch die Empfängnisverhütung auf, sich einander in der Wahrheit ihres gleichzeitig physischen und spirituellen Wesens aufzunehmen. Die Frau nimmt dann den Mann auf, wobei sie sich seinem Zeugungsakt verweigert; und der Mann nimmt die Frau auf in der aktiven Mißachtung des ihr eigenen physiologischen und psychologischen Rhythmus. Der Mann und die Frau nehmen einander auf, indem sie eine — wenn auch nur mögliche — Offenheit für das Leben eines Kindes *ausschließen*.

Oder sind wir seine verantwortlichen Wächter?

Ganz anders ist die geistige Haltung bei den sogenannten natürlichen Methoden. Gewiß, auch hier versuchen die Gatten, die Geburt eines Kindes zu verhindern, aber sie tun es mit Hilfe einer Methode, deren ethische Bewertung eine ganz andere ist. Sie treffen ganz einfach die Wahl, sich nur dann zu vereinigen, wenn die strukturelle Verbindung zwischen der Liebe und der Fruchtbarkeit, *unabhängig von ihrem Willen,* unterbrochen, sozusagen außer Kraft gesetzt ist. Wenn sie so handeln, spielen sie sich nicht als Herren ihrer Verbindung auf; sie verstehen sich vielmehr als ihre *Diener* oder klugen *Verwalter, als verantwortliche Hüter* dieses Bandes zwischen der gegenseitigen Hingabe der Personen und der Offenheit für das Leben, wie es von Gott

14 Du wirst nebenbei bemerken, daß das Problem der Empfängnisverhütung symmetrisch ist mit dem der künstlichen Befruchtung. Das angestrebte Ziel ist zwar entgegengesetzt, das Vorgehen aber ist das gleiche und besteht darin, die Liebe und die Fruchtbarkeit voneinander zu trennen. In der künstlichen Empfängnisverhütung will man die sexuelle Liebe ohne die Fruchtbarkeit, und in der künstlichen Befruchtung will man die Fruchtbarkeit außerhalb eines Aktes sexueller Liebe. Die Kirche verhält sich also vollkommen konsequent, indem sie sowohl das eine wie auch das andere verwirft.

gewollt und in ihr Wesen eingeschrieben ist. Bei der Anwendung der natürlichen Methoden nehmen Mann und Frau einander auf und geben sich einander hin in Ehrfurcht vor ihrem ganzen Sein, das gleichzeitig geistlich und fleischlich ist. Die Frau empfängt den Mann, indem sie seine konkrete Sexualität aufnimmt, und der Mann empfängt die Frau, indem er den ihr eigenen Rhythmus und die ihr eigenen Zeiten respektiert. So empfangen Mann und Frau sich einander, wobei sie es zwar vermeiden, neues Leben zu wecken, ohne jedoch diese Verweigerung in die eigentliche Struktur des ehelichen Aktes einzuprägen.

Dem «Nein» zum Leben im Inneren der Sexualität keinen Raum gewähren

Durch diese natürlichen Methoden suchen sie zwar, unfruchtbare sexuelle Beziehungen zu haben, ohne jedoch die Fruchtbarkeit aus der Gesamtheit ihres ehelichen Lebens auszuschließen und vor allem — und dies ist das Entscheidende — ohne daß diese vorübergehende — und manchmal dauerhafte — Ausschließung des Kindes die eigentliche Natur des sexuellen Aktes als Ausdruck der Hingabe der Personen aneinander und der Offenheit für das Leben verfälschen würde. Anders ausgedrückt: Das moralisch zu Verurteilende besteht im willentlichen «Nein» zum Leben durch Eingriff in die Struktur der männlichen und weiblichen Sexualität. Es ist jedoch nicht zu verurteilen, aus stichhaltigen Gründen sexuelle Beziehungen zu haben, die von Natur aus unfruchtbar sind. Anderenfalls müßte man ja die Schlußfolgerung ziehen, daß ältere oder sterile Ehepaare keine sexuellen Beziehungen haben dürften! Kurz, die sexuelle Liebe hat zwei wesentliche Ziele: die Vereinigung der Personen und die Weitergabe des Lebens. Was die Kirche Christi verwirft, ist dies: Das erste zu suchen und das zweite auszuschließen, und zwar nicht nur auf der Ebene der Absicht, sondern durch eine Einflußnahme auf die strukturelle Verbindung zwischen der Liebe und der Fruchtbarkeit. Es ist hingegen moralisch zulässig, aus stichhaltigen Gründen sexuelle Beziehungen nur auf die unfruchtbaren Tage zu beschränken, wenn dieses strukturelle Band objektiv keine Folgen haben kann. In diesem Fall genügt der erste der beiden angeführten Gründe, nämlich die liebende Vereinigung der Personen, um der sexuellen Begegnung einen wahren Sinn zu geben.

Ausgehend von diesen Erwägungen, die den Kern des Problems berühren, ist es dir jetzt möglich, die übrigen sich ergebenden ethischen Probleme bei der Wahl zwischen künstlicher Empfängnisverhütung und natürlichen Methoden richtig zu beurteilen.

Nicht Verantwortlichkeit mit unbeschränktem Verfügungsrecht identifizieren!

Ich möchte diese im Folgenden kurz zusammenfassen: Die technische Mentalität hat uns mißbräuchlicherweise daran gewöhnt, Verantwortlichkeit und eigenmächtige Beherrschung zu identifizieren, als ob die Freiheit im Gebrauch der Dinge darin bestände, nach Gutdünken über sie zu herrschen. Wir beginnen heute einzusehen, in welche Sackgasse eine solche Auffassung von der Freiheit führt. Selbst im Hinblick auf die physische Natur fangen wir endlich an zu verstehen, daß die Verantwortlichkeit den Weg über die Ehrfurcht geht. Wenn wir fortfahren, unsere Umwelt zu mißhandeln, wird sie uns am Ende töten. Dies trifft in um so stärkerem Maße zu, wenn es sich um die spirituelle Natur der Person und der Sexualität handelt! In der Empfängnisverhütung drückt sich die verantwortliche Elternschaft ausschließlich darin aus, eigenmächtig zu herrschen; bei den natürlichen Methoden aber auch und sogar vor allem durch das Hören und die Verfügbarkeit.

Wo ist die wahre Freiheit?

Um dieses zutiefst menschliche und ethische Problem der Geburtenregelung zu lösen, überträgt die Empfängnisverhütung die in Freiheit zu tätigende

Verantwortung auf ein Objekt aus Gummi oder ein chemisches Produkt. Die natürlichen Methoden hingegen erfordern einen echten Einsatz der Freiheit, da man bei ihnen einer gewissen Selbstbeherrschung Raum gewähren muß, was für die Persönlichkeit weitaus bereichernder ist als der Gebrauch einer Pille. Anders ausgedrückt: Bei den natürlichen Methoden verwalten die Ehegatten auf wahrhaft persönliche und menschliche Weise die Sexualität in ihrer Gesamtheit, in ihrem doppelten Aspekt der Liebe und der Fruchtbarkeit, während sie sich bei der Empfängnisverhütung damit begnügen, die biologischen Folgen ihrer sexuellen Akte unter Kontrolle zu bringen.

Ein authentisches Engagement beider Ehepartner

Betrachtet man die Empfängnisverhütung vom Standpunkt der Harmonie und des inneren Einsseins des Ehepaares aus, so wird man feststellen, daß sie in den meisten Fällen ausschließlich zu Lasten der Frau funktioniert. Jahr für Jahr wird sie mit Hormonen traktiert und muß all die bekannten und noch unbekannten Folgen tragen, während der Mann von aller Sorge frei ist. Er braucht bloß darauf zu achten, daß seine Partnerin regelmäßig ihre Tabletten schluckt. Die Pille, die anfangs gedacht war, um die Frau zu befreien, hat nun zu einer neuen und subtilieren Versklavung geführt. Bei den natürlichen Methoden wird hingegen ein Zusammenwirken beider Gatten verlangt. Beide müssen es lernen, ihren eigenen Körper und den des anderen zu kennen und zu achten, in gegenseitiger Aufnahme und Ehrfurcht. Beide — und das ist für die Persönlichkeitsentfaltung weitaus bereichernder — tragen ständig gemeinsam die Sorge dafür, auf möglichst adäquate Weise ihre Liebe zum Ausdruck zu bringen und ihre Fruchtbarkeit verantwortungsvoll zu verwalten. Das Zeugnis derjenigen Ehepaare, die die natürlichen Methoden der Geburtenregelung anwenden, spricht für sich und ist häufig sehr bewegend: Die Anwendung dieser Methoden hat ihre Liebe geweitet und ihr sexuelles Leben vertieft.[15]

Warum man den natürlichen Methoden noch immer aus dem Wege geht

Obwohl im Westen die Kenntnis und der Gebrauch der natürlichen Methoden vielversprechende Fortschritte macht, werden sie doch in ärztlichen Kreisen vielfach noch unbeachtet gelassen, sogar in kirchlichen Kreisen, vor allem aber von den Kommunikationsmitteln. Bis zu einem gewissen Punkte kann man das verstehen. Zunächst einmal ist es demütigend für gewisse Leute, zugeben zu müssen, daß die Kirche in dieser Sache recht hatte und in echt prophetischen Worten sprach, während man sie beschuldigte, überholt und rückschrittlich zu sein. Sodann ist es für den Augenblick immer wesentlich leichter und unverzüglicher wirksam, mit einem Rezept in die Apotheke zu gehen, als sich eine Methode anzueignen, die Verstand und Willenskraft erfordert. Vergessen wir schließlich auch nicht, daß bei der chemischen Empfängnisverhütung erhebliche finanzielle Interessen auf dem Spiel stehen, während die natürlichen Methoden auf einer Lebensweisheit beruhen, die, frei von jeder medizinisch-pharmazeutischen Bevormundung, von Ehepaar zu Ehepaar, von Frau zu Frau, von der Mutter zur Tochter weitergegeben werden durch eine Erziehung zur eigenen Verantwortlichkeit und der des Partners.

Einige immer wieder vorgebrachte Einwände

Man wird einwenden, die natürlichen Methoden seien nicht sicher genug und viel zu kompliziert! Wer so spricht, weiß weder um die hohe Zuverlässigkeit der neueren Methoden, wenn sie korrekt gelehrt und angewendet werden, noch um die zahlreichen Mißerfolge der empfängnisverhütenden

---

15 Wenn du dich über die natürlichen Methoden informieren oder anderen helfen willst, sie kennenzulernen, dann wendest du dich am besten an einen gut informierten Lehrer oder eine Lehrerin, die dir alle gewünschten Auskünfte geben können. Es gibt auch Organisationen, die in der Lage sind, dir Adressen von Fachleuten der natürlichen Familienplanung in deiner Gegend anzugeben.

Techniken, einschließlich der hormonalen (ein kleines Vergessen...) Man übersieht auch, daß die natürlichen Methoden mit Erfolg sogar dort angewendet werden, wo die Bevölkerung noch wenig kultiviert ist und ein sehr einfaches, rauhes Leben führt (Madagaskar, Indien usw.).[16]

Außerdem wendet man ein, daß die natürlichen Methoden dem Ehepaar auferlegen, gerade dann Verkehr miteinander zu haben, wenn die Frau, da sie unfruchtbar ist, spontan am wenigsten danach verlangt; aber das bedeutet, nicht darum zu wissen, daß diese Art der Spontaneität — wie auch alle anderen — sich nach und nach angeeignet werden kann, und daß die Empfängnisverhütung ihrerseits schließlich dahin führt, den sexuellen Elan in seiner Tiefe zu stören und abzustumpfen. Außerdem ist diese Verminderung der Libido während der unfruchtbaren Periode bei weitem nicht bei allen Frauen anzutreffen.

Schließlich wird noch eingewendet, daß die natürlichen Methoden von vielen Ehepaaren deshalb nicht angewendet werden können, weil sie in keiner Weise auf irgendeine Anstrengung bei der Selbstbeobachtung vorbereitet sind. Es ist wahr, daß viele Jugendliche — sei es nun ihre Schuld oder nicht — fast nichts wissen über die Keuschheit, d.h. von dem menschenwürdigen und verantwortlichen Umgang mit der Sexualität. Sie sind an eine augenblicklich befriedigte und anarchische Sexualität gewöhnt — bzw. man hat sie daran gewöhnt. In solchen menschlich abwegigen Situationen, wenn sie auch weit verbreitet sind, kann die falsche Lösung der Empfängnisverhütung subjektiv in vielen Fällen als das geringere Übel betrachtet werden im Vergleich zur ehelichen Untreue, zum Auseinanderbrechen der Ehe, zu einer zu großen Zahl von

16 Zu begrüßen ist hier die beispielhafte Arbeit des Arztes Dr. Guy in Madagaskar und von Mutter Teresa in Kalkutta.

Kindern oder zur Abtreibung. Auch dann bleibt sie von objektiven Standpunkt aus ein Übel, von dem man sich befreien kann oder durch eine entsprechende Erziehung befreit wird.

Verzweifelte Situationen

Es bleiben noch die Fälle besonderer Notlagen. Ich denke vor allem an diejenigen Frauen, die Opfer eines verantwortungslosen Gatten sind (Alkoholiker, zügellose Unbeherrschtheit), der sie nicht respektiert und dem es nichts ausmacht, ihnen nur um seiner Lust willen offensichtlich unangebrachte Schwangerschaften aufzubürden. In solchen Fällen versteht es sich von selbst, daß die Frau sich im Zustand echter Notwehr befindet, um es so auszudrücken, und daß die Empfängnisverhütung ihre Freiheit, auf die sie ein Recht hat, garantieren kann und muß. Der Herr verlangt durch seine Kirche von uns, Liebe und Fruchtbarkeit nicht voneinander zu trennen. Wenn aber keine Liebe da ist und die Frau praktisch vergewaltigt wird — wenn es sich dabei auch um ihren Ehemann handelt —, ist sie selbstverständlich nicht gehalten, ihre Fruchtbarkeit zu bewahren.[17] Deren Verbindung mit der Liebe muß respektiert werden, nicht aber die mit dem Alkohol oder der Brutalität des Instinktes!

Es ließen sich, was eine ausgeglichene Geburtenregelung betrifft, auch noch andere Erwägungen anführen, die gleichzeitig spiritueller und mehr praktischer Natur sind, allerdings, wie ich es auch bei den anderen Problemen des sexuellen Lebens halte, möchte ich darüber in dem vierten und letzten Teil dieser Abhandlung sprechen, der der täglichen Praxis der Keuschheit gewidmet ist.

---

17 Ich mache darauf aufmerksam, daß es hier darum geht, Vorsorgemaßnahmen zu treffen für den Fall einer Vergewaltigung (im weiten Sinne). Bei der Abtreibung aber liegen die Dinge völlig anders. Die Tötung eines einmal empfangenen Kindes kann selbst im Falle einer Vergewaltigung kein moralisch zu rechtfertigendes Mittel sein.

Ich komme damit jetzt zum letzten, in diesem Abschnitt zu behandelnden Problem, nämlich dem der *Abtreibung*.

Die Abtreibung

Die Beseitigung eines bereits entwickelten menschlichen Lebens

Bei der Empfängnisverhütung beschränkt sich die Weigerung, die Liebe fruchtbar werden zu lassen, im Prinzip auf den Gebrauch von Mitteln, die das Entstehen neuen menschlichen Lebens verhindern. In dem bei weitem schwerwiegenderen Fall der Abtreibung führt die Weigerung, den Bund fruchtbar werden zu lassen, zur Beseitigung eines Lebens, das bereits besteht.[18]

Ungeachtet der Tatsache, daß bei dem Problem der Abtreibung unendlich viel auf dem Spiel steht, werde ich mich bei diesem Thema recht kurz fassen, denn es handelt sich dabei nicht so sehr um eine Frage der Sexualmoral, sondern um die der Achtung vor den Menschenrechten.[19]

Die Rechtslage des menschlichen Fötus

Die ganze Problematik der Abtreibung erscheint sogleich in klarem Licht, wenn man die Rechtslage

---

18 Weiter oben habe ich erwähnt, daß die Empfängnisverhütung sich grundsätzlich darauf beschränkt, die Entstehung eines neuen menschlichen Lebens zu verhindern. Ich mache auf diesen wichtigen Vorbehalt aufmerksam, weil in der Tat viele der in der Öffentlichkeit als Empfängnisverhütungsmittel angebotenen Techniken in Wirklichkeit Mittel zur Abtreibung sind, d.h. sie haben zum beabsichtigten oder mit einbegriffenen Ziel, die Einnistung des Embryos zu verhindern oder ihn zu zerstören. So besteht, z.B. die Wirkung des Empfängnisverhütungsstäbchens sehr wahrscheinlich darin, die Einnistung zu verhüten, während die Minipille und die «Pille für den nächsten Tag» eine sowohl empfängnisverhütende wie auch gleichzeitig eine einnistungsverhütende Wirkung haben; das RU 485 aber führt ausgesprochen eine Abtreibung herbei. Lediglich empfängnisverhütend sind nur jene Pillen, die sich darauf beschränken, die Ovulation zu verhindern oder die Bildung eines dichten Zervixschleimpfropfens herbeizuführen, den die Spermen nicht durchdringen können. Informiere dich also immer sehr eingehend über die genaue Wirkung der als empfängnisverhütend angebotenen Produkte.

19 Ausführlicher habe ich dieses Problem in der Zeitschrift «Résurrection» behandelt (1988, Nr. 1). Ich erlaube mir, darauf hinzuweisen, wenn es um spezielle Fragen geht, die die Abtreibung betreffen. Ich habe mich vor allem bemüht, mich mit den wichtigsten Argumenten auseinanderzusetzen, die häufig zugunsten der Abtreibung vorgebracht werden.

des Embryos und des menschlichen Fötus nicht aus den Augen verliert. Sobald man anerkennt — und dazu zwingt die heutige Biologie —, daß der menschliche Embryo einwandfrei ein in sich selbst bestehendes Individuum ist mit einem eigenen genetischen Potential, ist das Problem im Grunde gelöst: Da es vom Augenblick der Befruchtung an bis zum Tode keinen Bruch in der Weiterentwicklung des Menschenwesens, sondern nur verschiedene Stufen gibt, beginnt der absolute Respekt, der der unschuldigen menschlichen Person geschuldet wird, mit dem ersten Beginn der Entwicklung des Embryos.[20]

---

20 Wenn in der Vergangenheit einige berühmte Theologen, wie z.B. Thomas v. Aquin, die Ansicht vertreten haben, daß der Fötus erst nach einer gewissen Zeit eine Seele bekäme und also erst dann wirklich eine Person würde (40 Tage bei den Knaben und 80 Tage bei den Mädchen), so deshalb, weil sie sich durch eine vom wissenschaftlichen Standpunkt her noch sehr unvollkommenen Biologie leiten ließen, nämlich der des Aristoteles. Sie zogen übrigens daraus in keiner Weise den Schluß, daß die Abtreibung vor diesem Zeitpunkt erlaubt sei. Heute wollen gewisse Falschdenker die frühzeitige Abtreibung wie auch genetische Manipulationen unter dem Vorwand erlauben, daß der Embryo bis zum 13. Tag noch nicht wirklich ein Individuum sei, da er sich ja noch teilen kann und dann (eineiige) Zwillinge ergibt. In Wirklichkeit aber beweist die Zwillingsbildung in keiner Weise, daß der ursprüngliche Embryo kein Individuum gewesen war. Es handelt sich lediglich um eine rätselhafte Weide des Übergangs von *einem* Individuum zu zweien, um eine besondere Form biologischer Vervielfältigung. Auch die Tatsache, daß es eine große Zahl von frühzeitigen und natürlichen Fehlgeburten gibt, von denen die Frau nicht einmal etwas weiß, darf dich nicht verwirren. Manche sagen nämlich: «Weil die Natur selbst viele Embryos beseitigt, warum sollten wir nicht das Gleiche tun dürfen?» Seit wann aber ist es für eine Freiheit automatisch gut, sich das Verhalten der Natur zu eigen zu machen? Andere wenden ein: Wie kann man nur denken, daß all diese Embryos Personen seien und daher zum ewigen Leben bestimmt? Gerne stimme ich bei, daß der vorzeitige Tod von Millionen von Embryos, wie übrigens auch das Leiden und der Tod der Erwachsenen, ein Bestandteil dieser gefallenen Welt sind, die «der Eitelkeit unterworfen» ist, wie Paulus es im Hinblick auf das gegenwärtige Universum sagt (Röm 8,20). Es ist für Gott nicht schwieriger, die unermeßliche Zahl von Embryos zu ihrer ewigen Vollendung zu führen, wie auch die unermeßliche Zahl all jener Menschen, die *nach* ihrer Geburt gestorben sind. Im Vergleich zur Fülle des ewigen Lebens sind wir alle nichts weiter als Föten im Entwicklungsstadium, Personen, die noch im Wachstum begriffen sind.

Das Alibi der Gewissensfreiheit

Alle Argumente, die vorgebracht werden, um eine Abtreibung einleuchtend und annehmbar zu machen, gründen sich darauf, daß die erste Wahrheit sozusagen ausgeklammert wird. Wenn man z.B. vorschlägt, die Abtreibung der freien Gewissensentscheidung des einzelnen zu überlassen und sie nicht durch das Gesetz zu ahnden, dann denkt man nur deshalb so, weil man dem Fötus nicht den Status eines Menschen zuerkennt; sobald es sich nämlich um den Respekt vor erwachsenen Personen handelt, wird niemand den Vorschlag machen, deren Leben der freien Gewissensentscheidung anderer zu überlassen.

Der schlecht verstandene Feminismus

Ebenso ist es, wenn man die These vertritt, daß die Abtreibung, da sie ja vor allem die Frau betrifft, ihrer Entscheidung überlassen bleiben muß. Gewiß, es stimmt, daß die Frau es ist, die die eventuellen Belastungen einer Schwangerschaft zu tragen hat und daß sie oft genug das Opfer männlicher Verantwortungslosigkeit ist. Letztenendes aber ist diese Redeweise irreführend, denn die erste betroffene Person ist nicht die Frau, sondern das Kind, dem man erlauben will, zur Welt zu kommen oder nicht. Dies ist der erste Gesichtspunkt, unter dem die Abtreibung zu betrachten ist.

Das Für und Wider der vorgeburtlichen Diagnose

Ähnlich ist es, wenn man die Forderung erhebt, die Abtreibung durchführen zu können, wenn das zu erwartende Kind behindert oder die Frucht einer Vergewaltigung ist; man denkt nur deshalb so, weil man vergißt oder vergessen will, daß der Fötus bereits ein Menschenwesen ist. Würde es sich nämlich um Erwachsene handeln, dann hielte man es keineswegs für gerechtfertigt — es sei denn bei sittlicher Perversion —, daß die nicht zu vermeidende Gegenwart einer lästigen oder unerwünschten Person irgend jemandem das Recht gibt, sie zu beseitigen.[21] Von diesem Gesichtspunkt aus ist die Praxis der vorgeburtlichen Diagnose zu verurteilen, wenn dabei die stillschweigende oder ausdrückliche Absicht besteht: «Wenn das Kind, das unterwegs ist, nicht normal ist, wird es getötet.» Wenn du diese Praxis auf die erwachsene Menschheit überträgst, dann gelangst du augenblicklich zur Eugenik oder zur systematischen Euthanasie: «Wenn eine medizinische Untersuchung ergibt, daß diese oder jene Menschen anormal oder unheilbar sind, dann darf man ihnen helfen, zu sterben.»

Die Abtreibung betrifft immer die anderen

In der Tat — und das scheint mir wesentlich zu sein —, die Befürworter der Abtreibung denken nur deshalb so, wie sie denken, und erreichen nur deshalb, daß die öffentliche Meinung zum Teil auf ihrer Seite steht, weil sie selbst und diejenigen, die auf sie hören, bereits geboren sind und daher in eigener Person keine Opfer der Abtreibung mehr werden können! Anders ausgedrückt: Das Problem der Abtreibung ist das einzige, bei dem die, die dazu Gesetze erlassen, niemals selbst von diesem Gesetz betroffen werden und niemals auf Widerstand stoßen von seiten der Opfer. Feigheit und niedrige Gesinnung sind die Ursache dafür, daß die Gewissen sich in dieser Sache nicht rühren. Wir alle, die wir über dieses Problem reden, sind respektiert worden, als wir Embryos waren, und wir sind zur Welt gekommen. Daher betrifft die Abtreibung logischerweise immer nur «die anderen», und zudem jene, die sich nicht verteidigen können und keine Stimme haben.

Eine aufschlußreiche Fiktion

Stell dir aber einen Augenblick lang vor — es ist nur eine Fiktion, aber sie wirft Licht auf die Angelegenheit —, daß die Freigabe der Abtreibung rückwirkende Auswirkungen hätte, und daß im Augenblick, da man das Gesetz in Kraft setzt, all

21 Ich weiß, daß alle diese Dinge es verdienten, im einzelnen ausführlicher behandelt zu werden, aber — ich wiederhole es —, weil ich an anderer Stelle darüber berichtet habe, gehe ich hier nicht auf Einzelheiten ein.

diejenigen sterben müßten, die nicht zur Welt gekommen wären, wenn das Gesetz ein paar Jahrzehnte früher existiert hätte. Dann würdest du sehen, wie nicht nur Senatoren und Abgeordnete still und heimlich ihren Finger von der Wahltaste zurückziehen würden, sondern das ganze Volk würde die Bevollmächtigten anflehen, dieses Gesetz abzulehnen, weil nämlich alle persönlich betroffen wären, da dann die Abtreibung nicht mehr nur eine Bedrohung für «die anderen» wäre. Kurzum, vergiß es niemals, daß du selbst ein Embryo bist, der respektiert wurde!

Ein Problem, bei dem es um Leben oder Tod geht

Es ist schwierig, sich in klaren Worten sowohl mit Festigkeit als auch mit Menschlichkeit auszudrükken. Einige Gegner der Abtreibung drücken sich, wenn sie im Grunde auch recht haben, lediglich auf Grundsatzebene aus, ohne zu versuchen, sich in die äußerst schwierige Situation hineinzudenken, in der manche Frauen leben, und hier Lösungen anzubieten.[22] Andere Gegner der Abtreibung stellen dagegen ihren Mut nicht bis zum Ende unter Beweis; sie versuchen, sich mit der öffentlichen Meinung zu arrangieren und verkünden z.B., daß das Heilmittel gegen die Abtreibung die Empfängnisverhütung sei, obwohl diese, wie ja bekannt ist, eine Mentalität der Empfängnisverhütung hervorruft, die feindlich gegen das Kind eingestellt ist, was dann mit der Zeit zu einer Vermehrung der Abtreibungen führt. Außerdem verursacht in den westlichen Ländern die systematische Empfängnisverhütung zusammen mit der Abtreibung ein katastrophales, bald nicht wieder gutzumachendes Absinken der Geburtenziffer. In einigen Jahrzehnten wird man vielleicht feststellen müssen, daß der Westen sich selbst vernichtet hat durch die Pille und jenes Gerät, mit dem die Föten abgesaugt werden. Dann wird es zu

22 Auf diesen Punkt habe ich in meiner oben angeführten kleinen Broschüre nachdrücklich hingewiesen.

spät sein, sich der eindringlichen Lehre vom Vatikanum II zu erinnern, die die ganze christliche und menschliche Tradition wiederholt: «Die Abtreibung und die Kindestötung sind furchtbare Verbrechen.»[23]

Von den Grundsätzen ausgehend zur täglichen Praxis

Mit dieser gleichsam überfliegenden Behandlung dieser äußerst wichtigen Frage der Abtreibung schließe ich die dritte Etappe unserer Überlegung, der ich den Titel gegeben habe: *Jesus und die Probleme des sexuellen Lebens*. Ich habe dir erklärt, wie wohlbegründet die christliche Lehre ist in Bezug auf die Probleme der Masturbation, der Homosexualität, der außerehelichen und vorehelichen Beziehungen, der künstlichen Befruchtung, der Ehescheidung und der Wiederverheiratung, sowie der Empfängnisverhütung und der Abtreibung.

Wenn ich auch bei diesen Fragen oft auf Einzelheiten eingegangen bin, so habe ich mich doch bis jetzt im allgemeinen auf Grundsatzebene bewegt. Die Schwierigkeiten aber, denen du auf dem Gebiet der Keuschheit begegnest, sind jedoch nicht nur theoretischer Art («Wo ist die Wahrheit?»; «Wie sollen wir über dieses oder jenes Problem denken?» usw.); sie sind auch praktischer Natur: «Wie kann man auf reinere Weise leben?»; «Wie kann ich mich von der Sklaverei des Triebs befreien?»; «Wo kann ich die nötige Kraft finden, um durchzuhalten?» usw.

Mit diesen ganz konkreten Fragen, die die tägliche Praxis der Keuschheit betreffen, werden wir uns im vierten und letzten Teil unseres Büchleins befassen, unter dem Titel: *Jesus und die Heiligung deines Leibes*.

---

23 Pastoralkonstitution «*Gaudium et Spes*», § 51,3.

Jesus und die Heiligung deines Leibes

Das «Nein» zur Sünde: ein «Ja» zur Liebe!

«Verherrlicht Gott in eurem Leibe»

Beim Lesen des vorhergehenden Teiles dieser Broschüre über die verschiedenen Probleme des sexuellen Lebens hast du vielleicht den Eindruck gewonnen, daß Jesus durch die Stimme seiner Kirche und durch sein Evangelium dich vor allem zu einer negativen Haltung auf sexuellem Gebiete einlädt: «Nein» zur Homosexualität, «Nein» zu vorehelichen Beziehungen, «Nein» zur Masturbation usw. In Wirklichkeit aber ist jedes «Nein» gegenüber den egoistischen Deformationen der Sexualität ein «Ja» zur Liebe und eine Ehrfurchtsbezeugung vor der authentischen Würde des Geschlechtlichen. Vom christlichen Standpunkt aus — wie übrigens auch von dem einer gesunden Moralphilosophie — nehmen die Verbote niemals die erste Stelle ein, sie sind lediglich die negative Seite einer Zustimmung zu den wahren Werten des Lebens. Worum es bei der Keuschheit wirklich geht, nämlich um die Bemühung, den sexuellen Instinkt in die rechten Bahnen zu lenken und zu integrieren, das ist zunächst etwas Positives. Treffend hat der heilige Paulus das in die Worte zusammengefaßt: «Verherrlicht Gott in eurem Leibe» (1 Kor 6,20). Welch eine Perspektive! Weit davon entfernt, eine schwächliche, blutleere Tugend zu sein, gerade gut genug für verklemmte Naturen, besteht die Keuschheit darin, durch die Art und Weise, wie wir die Herrlichkeit unseres

Leibes respektieren, Gott Ehre zu erweisen, Ihm, der der Schöpfer des Leibes ist und der seit der Inkarnation in Jesus selbst einen Leib aus Fleisch besitzt!

Ein wichtiger Text des heiligen Paulus

Im ersten Brief an die Korinther hat der heilige Paulus das Wesentliche über den Sinn der christlichen Keuschheit gesagt; den letzten Vers daraus habe ich soeben zitiert. Ich will ihn dir jetzt vollständig wiedergeben, und sodann werde ich die richtungsweisenden Grundsätze daraus entwickeln:

> «Alles ist mir erlaubt» — aber nicht alles nützt mir. Alles ist mir erlaubt, aber nichts soll Macht haben über mich. Die Speisen sind für den Bauch da und der Bauch für die Speisen; Gott wird beide vernichten. Der Leib aber ist nicht für die Unzucht da, sondern für den Herrn, und der Herr für den Leib. Gott hat den Herrn auferweckt; er wird durch seine Macht auch uns auferwecken.
>
> Wißt ihr nicht, daß eure Leiber Glieder Christi sind? Darf ich nun die Glieder Christi nehmen und zu Gliedern einer Dirne machen? Auf keinen Fall! Oder wißt ihr nicht: Wer sich an eine Dirne bindet, ist *ein* Leib mit ihr? Denn es heißt: Die zwei werden *ein* Fleisch sein. Wer sich dagegen an den Herrn bindet, ist *ein* Geist mit ihm.
>
> Hütet euch vor der Unzucht! Jede andere Sünde, die der Mensch tut, bleibt außerhalb des Leibes. Wer aber Unzucht treibt, versündigt sich gegen den eigenen Leib.
>
> Oder wißt ihr nicht, daß euer Leib ein Tempel des Heiligen Geistes ist, der in euch wohnt und den ihr von Gott habt? Ihr gehört euch nicht selbst; denn um einen teuren Preis seid ihr erkauft worden. Verherrlicht also Gott in eurem Leib!» (1 Kor 6, 12-20).

Dieser wundervolle Text ist unter vielen Gesichtspunkten sehr lehrreich, und ich möchte die wichtigsten von ihnen herausgreifen, damit du gut verstehst, in welchem Geiste du von Jesus eingeladen bist, in der Keuschheit zu leben.

Du gehörst dir nicht selbst

Die Liebe überschreitet die Freiheit

In seinem Willen, die Freiheit des Christen zu betonen in Bezug auf die zahlreichen Vorschriften des jüdischen Gesetzes, besonders in all dem, was die Nahrung betrifft, liebte Paulus zu sagen: «Alles ist mir erlaubt.» Es gibt keine reinen und unreinen Tiere mehr, keinen Unterschied mehr zwischen profanem Fleisch und solchem, das in heidnischen Opferfeiern den Götzen dargebracht worden war: Fleisch ist Fleisch! Die Nahrungsmittel sind in sich selbst keine geweihten Gegenstände, sie sind für den Magen da, und der Magen ist dafür da, mit ihnen gefüllt zu werden und sie zu verdauen: «Alles ist mir erlaubt.» Aber, fügt der heilige Paulus hinzu, alles ist mir deshalb noch nicht von Nutzen, und später, in den Kapiteln 8 bis 10, erklärt er, daß es besser ist, sich des Fleisches von den heidnischen Opferfeiern zu enthalten, falls man durch das Essen desselben einem Bruder, dessen Gewissen nicht richtig aufgeklärt ist, damit Ärgernis gibt. Es gibt Forderungen der Liebe, und diese stehen über der Freiheit!

Der Leib ist für den Herrn

Vor allem aber will Paulus jene zügellosen Menschen in ihre Schranken weisen, die im Namen der christlichen Freiheit ihr ausschweifendes Leben zu rechtfertigen suchen. «Alles ist mir erlaubt», gewiß, in Christus bin ich frei, wer sich aber der Unreinheit ergibt, ist eben nicht frei, er läßt sich beherrschen vom Gesetz seines Instinktes. Mit besonderem Nachdruck weist Paulus auf die Scheingründe jener ausschweifenden Menschen seiner Zeit hin, die indessen ihre Aktualität immer bewahren. Dieser Sophismus ist es, der das Geschlechtliche auf die gleiche Ebene stellt wie den Magen: Wenn der Magen dafür geschaffen ist, Speise aufzunehmen, sobald ich Hunger habe, warum sollen dann die Geschlechtsorgane nicht dafür da sein, den Orgasmus hervorzurufen, sobald ich Lust habe dazu?

Sodann weist Paulus darauf hin, daß es die Bestimmung des Magens ist, ebenso wie die Speisen mit der gegenwärtigen Welt zu vergehen, da er an die Bedürfnisse des gegenwärtigen Lebens gebunden ist, die es im Leben der Ewigkeit nicht mehr gibt. Der Leib aber, als Ausdrucksform der Person, ist für die Auferstehung bestimmt, ebenso wie auch der geschlechtliche Unterschied, welcher bewirkt, daß wir im tiefsten Persönlichkeitsgrund Mann und Frau sind: Auch er empfängt vom auferstandenen Christus eine Verheißung der Herrlichkeit. Im ewigen Leben wird es nicht mehr unsere Aufgabe sein, uns fortzupflanzen, aber für die ganze Ewigkeit werden wir Männer und Frauen sein. Der Zeugungsakt wird nicht mehr sein, die Sexualität aber bleibt bestehen. Man darf also nicht den Magen und das Geschlechtliche sozusagen in einen Topf werfen, nicht die Ernährungsgewohnheiten und das sexuelle Leben. Der Magen ist vielleicht für die Speisen und die Verdauung geschaffen, der Körper aber mit seinen Geschlechtsmerkmalen, das heißt letztenendes, die mit einem Geschlecht versehene Person, ist nicht für den Geschlechtsakt und den Orgasmus geschaffen, sondern für den Herrn: Er ist dazu bestimmt, Anteil zu haben an der Herrlichkeit des Auferstandenen, und der Herr ist für den Leib, den er eines Tages durch seine Allmacht und Liebe aus dem Elend in die Herrlichkeit führen wird (s. Phil 3,21).

Jesus angehören

Hier von ausgehend erscheint die christliche Konzeption der Keuschheit in klarem Licht. Zunächst einmal bist du nicht nur deshalb gehalten, keusch zu sein, um dich selbst in der Gewalt zu haben, um «Herr deines Körpers» zu sein, wie man sich manchmal ausdrückt. Das wäre noch ein heidnisches Ideal, nämlich das Verlangen zu herrschen. Du bist *deshalb* zur Reinheit eingeladen, weil dein Körper dir nicht selbst gehört, weil er ein Glied

Christi ist und ein Tempel des Heiligen Geistes. Wie könntest du deinen Leib der Unkeuschheit ausliefern, diesen Leib, den Gott am Kreuz um den Preis des Blutes Jesu losgekauft hat, den er zur Auferstehung bestimmt und den er mit seinem Geist begabt hat? Dies ist das christliche Ideal der Keuschheit: Nicht selbstherrlich über sich selbst zu bestimmen, sondern Diener Christi zu sein, nicht zunächst sich selbst zu besitzen, sondern Jesus zu gehören und sich ihm hinzugeben, nicht «sich selbst zu verwirklichen», wie man so oft sagt, sondern daß du in deinem Leib und in deinem Geschlecht den erhabenen Plan deines Herrn über dich respektierst.

Die Unreinheit ist ganz besonders schwerwiegend

Sodann läßt dich der Text des heiligen Paulus die ganz besonders große Bedeutung der Keuschheit verstehen, und wie schwerwiegend die Sünde der Unreinheit ist. Die Sünden gegen die Keuschheit sind zwar nicht die schwersten, da die größte Sünde die des Stolzes ist und die Weigerung zu lieben. Die Sünde der Unreinheit ist aber vielleicht die neuralgischste, der «wunde Punkt», weil ihre Folgen die schwerwiegendsten sind, da der ganze Mensch in seinem eigenen Leib von ihr in Mitleidenschaft gezogen wird, d.h. in diesem Leib, in dem unser gleichzeitig spirituelles und fleischliches Menschsein sich vereint. Paulus weist auf die besondere Schwere der Sünde der Unreinheit hin, wenn er sagt: «Jede andere Sünde, die der Mensch tut, bleibt außerhalb des Leibes. Wer aber Unzucht treibt, versündigt sich gegen den eigenen Leib» (1 Kor 6,18).

Und in der Tat, die Erfahrung lehrt uns, daß die Unordnung auf sexuellem Gebiet das menschliche Herz zugrunde richtet, daß sie das spirituelle Leben erstickt, daß sie die Freude an dem, was Gottes ist, zum Verlöschen bringt und die Persönlichkeit lähmt in ihrer Fähigkeit, mit dem Herrn und den anderen in Verbindung zu treten, da sie den Menschen in sich selbst verschließt. Die Unkeuschheit ist eine Verderbnis des Körpers und des Herzens. Sie ist eine Perversion des Körpers und des Herzens, von der nur eine größere Liebe dich befreien kann.

Aus Liebe keusch sein

Die Verschiedenartigkeit der Situationen

Ich kenne nicht deine besondere Situation auf diesem Gebiet. Der Idealfall wäre es, wenn ich mich an jeden und jede ganz persönlich wenden könnte. Auf dem Gebiet der Reinheit kennen die Mädchen, deren Sexualität verborgener und diffuser ist, im allgemeinen nicht die gleiche Art von Schwierigkeiten wie die jungen Burschen, deren Sexualität äußerlicher und brutaler ist. Es muß auch die Verschiedenheit der Berufungen in Rechnung gezogen werden; die Forderungen der Keuschheit sind nicht die gleichen für Verheiratete und Unverheiratete, für Verlobte und für diejenigen jungen Menschen, die sich zu einem gottgeweihten Zölibat entschlossen haben. Sodann ist der Unterschied in Alter und Temperament zu bedenken: Die Probleme des sexuellen Lebens sind nicht die gleichen, wenn man 15, 20, 40 oder 60 Jahre alt ist. Manche haben sozusagen von selbst ein harmonisches Temperament und kennen keine wirklichen Spannungen. Andere werden dagegen unaufhörlich von heftigen und entnervenden Versuchungen gequält.

Wer du auch seist, und wie immer auch deine persönliche Situation beschaffen ist, ich möchte im Namen des Herrn ein Wort der Wahrheit und des Friedens an dich richten, ein Wort des Lichtes und der Ermutigung.

Rein sein aus Liebe zu jemandem

Ob du vor die Aufgabe gestellt bist, entweder keusch zu bleiben oder es zu werden, tue es aus Liebe und nicht aus dem Wunsch nach Heroismus heraus; sei keusch im Hinblick auf jemanden, und nicht, um eine sittliche Leistung zu vollbringen; sei es in ganz einfacher, demütiger Hingabe deiner selbst und nicht in überheblicher Willensanspannung. Wenn du keusch sein willst und dabei von dem Wunsche geleitet wirst, vor dir selbst in gutem Lichte zu stehen, dann setzt du dich entweder der Gefahr des Stolzes aus, sofern es dir eine Zeitlang gelingt, oder aber der Entmutigung, wenn du, wie es wahrscheinlich der Fall sein wird, einen Mißerfolg erleidest. Es ist unendlich wahrer und richtiger, aus Liebe rein zu sein. Aus Liebe zum Herrn in jeder Situation, besonders aber, wenn du ihm im Zölibat geweiht bist.[24] Aus Liebe zu deinem Ehegefährten und zu deinen Kindern, wenn du verheiratet bist. Aus vorweg geschenkter Treue zu deinem künftigen Gefährten, wenn du dich auf die Ehe vorbereitest. Aus Ehrfurcht vor der Weihe deiner Person und aus Ehrfurcht vor deiner Berufung, wenn du Priester bist oder dich darauf vorbereitest. Auf jeden Fall, wie immer auch deine Lebenssituation beschaffen ist, du gehörst dir nicht selbst; die Unkeuschheit ist ein Verrat an einem anderen, und du wirst mitschuldig an einem Übel, das die Menschheit zerstört. Man muß keusch sein aus Liebe.

Alles von der Eucharistie erwarten

Eine Ermutigung für alle

Ich weiß, daß es nicht immer leicht ist, keusch zu sein, da wir auf diesem Gebiete so außerordentlich

24 Da ich hier hauptsächlich von den sexuellen Problemen der menschlichen Liebe sprechen möchte, gehe ich an dieser Stelle nicht näher auf die Frage des geweihten Zölibates ein. Nur eines möchte ich erwähnen: Es gibt zwei notwendige und einander ergänzende Weisen, um hier auf Erden von der Liebe Gottes Zeugnis zu geben. Die erste zeigt, daß diese Liebe so groß ist, daß sie befähigt wird, die menschliche Liebe bis hin in den sexuellen Bereich auszudrücken. Es ist das durch die christliche Ehe gegebene Zeugnis. Die zweite Weise zeigt auf, daß die Gottesliebe so groß sein kann, daß sie ganz allein das Herz eines Mannes oder einer Frau zu erfüllen vermag. Dies ist das Zeugnis, das durch den geweihten Zölibat gegeben wird. Hier habe ich nur von der Ehe gesprochen. Diejenigen aber, die sich zum Zölibat berufen fühlen, einzig und allein aus Liebe zu Jesus und zu seiner Kirche, sie mögen wissen, daß dies eine wundervolle Berufung ist. Der Herr überschüttet all diejenigen, die ihm ihr ganzes Herz und ihren ganzen Leib reservieren, mit vielen Zeichen zärtlicher Aufmerksamkeit.

schwach sind. Ich weiß auch, daß du vielleicht zu all denen zählst, für die die Keuschheit ganz besonders schwierig ist. Vielleicht bist du zutiefst verwundet durch unglückliche Erfahrungen, magst du nun deren Opfer gewesen sein oder sie selbst verschuldet haben. Vielleicht fühlst du dich als der Gefangene einer bedrückenden Vergangenheit auf sexuellem Gebiet oder von tief eingewurzelten Gewohnheiten. Vielleicht bist du im Verborgenen von perversen Neigungen zerquält und wagst mit niemandem darüber zu sprechen. Wer du auch seist, wie immer auch deine Vergangenheit und dein gegenwärtiges Leben beschaffen sein mögen, der Herr richtet an dich ein Wort der Ermutigung und zeigt dir einen Weg in die Zukunft: «Hab Vertrauen, ich bin es, fürchte dich nicht» (s. Mt 14,27). «Mut, ich habe die Welt besiegt» (s. Joh 16,33). «Kommt alle zu mir, die ihr euch plagt und schwere Lasten zu tragen habt. Ich werde euch Ruhe verschaffen» (Mt 11.28).

Der Leib Jesu, welch ein unschätzbares Gut!

Ich möchte vor allem, daß du dich mit großem Glauben an die Eucharistie hältst. Die Keuschheit und die Unkeuschheit betreffen deinen Leib. Nun gut, um deinem eigenen Leib und dem der anderen in Liebe und Ehrfurcht zu begegnen, mußt du viel, mußt du alles vom Leibe Jesu erwarten. Welch ein Schatz für unsere armen, hin- und hergezerrten und zerquälten Körper ist doch der allerheiligste Leib des auferstandenen Jesus, der in der Eucharistie zugegen ist! «Leib Christi, rette mich!», rief der heilige Ignatius in einem bekannten Gebet. Es möge in den Stunden der Versuchung oder der Sünde auch das deinige sein. Der Empfang der heiligen Kommunion, die Anbetung des Allerheiligsten Altarssakramentes oder auch schon der einfache Gedanke an die Eucharistie werden für dich in deiner Bedrängnis eine große Hilfe sein, ebenso wie auch das Gebet zur Unbefleckten Mutter Gottes, deren jungfräulicher und unversehrter Leib schon jetzt an der österlichen Herrlichkeit Jesu Anteil hat.

Keusch sein, von der Höhe und vom Herzen ausgehend

Du siehst, worauf ich hinaus will. Wenn du, wie so viele andere vor dir, die Freude der Reinheit kennen willst, dann darfst du die sexuellen Versuchungen nicht nur auf dem Gebiet des Sexuellen selbst bekämpfen; du mußt vielmehr von höherer Warte ausgehen und die größte Kraft in dich herabsteigen lassen, die sieghafte Freude, wie der heilige Augustinus es sagt, die Jesus dir gibt in der Eucharistie. Es ist die Unschuld Gottes, die Heiligkeit Christi, die Liebe des Heiligen Geistes, die in dir, gleichsam von oben her, zur Quelle deiner Keuschheit werden muß. Dann wirst du das Wort Jesu verstehen, daß die Keuschheit im Herzen und in den Blicken beginnt, ehe sie in den Gesten des Körpers zum Ausdruck gelangt: «Jeder, der eine Frau mit Begehren anblickt, hat in seinem Herzen schon Ehebruch mit ihr begangen» (Mt 5,28). «Denn von innen, aus dem Herzen der Menschen, kommen die bösen Gedanken: Unzucht, Ehebruch, Schamlosigkeit usw. (s. Mk 7, 21-22). Durch das Gebet, durch die Eucharistie, ermöglichst du dem Herrn, deine Gedanken, deine Wünsche, deine Blicke und deine Vorstellungen zu heiligen, noch ehe dein Körper die Heilung gefunden hat. Und hiermit muß man beginnen: Es ist unmöglich, einen keuschen Leib zu haben, wenn das Herz nicht keusch geworden ist. «Seele Christi, heilige mich, Leib Christi, rette mich!»

Auf die Barmherzigkeit zählen

Die Verzeihung, welche heilt

Sollst du aber den Mut verlieren, wenn du trotz allem immer wieder die Erfahrung deiner Schwachheit machst? Nein! Um so mehr mußt du auf die Barmherzigkeit Gottes zählen, auf sein Herz, das für unser Elend geöffnet ist. Wieviel Mut, wieviel Durchhaltekraft würdest du vom Herrn empfangen, wenn du ihm erlaubtest, dir öfter zu begegnen, und zwar genau dort, wo du dich befindest, nämlich im Sakrament seiner Vergebung! Regelmäßig zur Beichte zu gehen, das bedeutet nicht nur, einen Schlußstrich unter das Vergangene zu ziehen und zu verhindern, daß du dich in der Mittelmäßigkeit einrichtest, das bedeutet auch und vor allem, deinem Gott die Chance zu geben, dich zu lieben, so wie du bist, dir deine Fehler zu vergeben und die Wunden deines Herzens und deines Körpers zu heilen. Durch diese wundervolle Gnade der Barmherzigkeit wird sogar die Sünde, sobald sie vergeben ist, zur Quelle der Dankbarkeit und der Liebe, und die Versuchungen werden zur Gelegenheit, zum Herrn zurückzukehren und ihm zu zeigen, daß man ihn mehr als alles andere liebt: «Ja, Herr, ich liebe dich, ich liebe dich mehr als all mein Elend.»

Seine Liebe ist größer als unsere Sünde

Hab also keine Angst, dich vor dem Herrn als Sünder zu bekennen. Er weiß ja, woraus wir geschaffen sind. Er kennt unsere Gebrechlichkeit, aber er läßt sich durch sie nicht entmutigen, denn seine Liebe ist größer als unsere Sünde. Warum hat der Vater erlaubt, daß Jesus, der Unschuldige, am Kreuz gleichsam mit der Sünde identifiziert wurde, warum hat er ihn zum «Lamm Gottes gemacht, das die Sünden der Welt hinwegnimmt», wenn nicht deshalb, damit du fühlst, daß er dir nahe ist, daß er dich versteht, daß die Liebe Gottes dich umfängt, was immer du auch an Sünden begehst?

Nicht behaupten, unschuldig zu sein

Wichtig ist aber, daß du niemals das gut nennst, was böse ist. In dieser Hinsicht wirst du eine erstaunliche Tatsache feststellen: In allen anderen Bereichen des sittlichen Lebens anerkennen die meisten Christen ohne große Mühe, daß sie Sünder sind, und sie machen sich deshalb oft nicht einmal allzu viele Sorgen. Sie wissen, daß sie alle Tage das Ideal der Gottes- und Nächstenliebe oder das der Gerechtigkeit verletzen, und sie verlangen nicht, daß dieses Ideal in Frage gestellt werde, nur weil es ihren spontanen Neigungen widerspricht. Auf dem Gebiete der Keuschheit jedoch möchten viele Katholiken von vorn herein fleckenlos weiß erscheinen. Sie wünschen, daß die Kirche ihnen sagt, daß die Masturbation keine Sünde sei, daß die vorehelichen Beziehungen erlaubt seien, daß die Empfängnisverhütung etwas Gutes ist usw. Warum nur dieses Tabu bei allem, was das Sexuelle betrifft? Warum will man grundsätzlich auf diesem Gebiet ganz untadelig sein?

Der Herr verlangt von dir vielmehr, daß du ganz einfach deine Schwächen und Fehler anerkennst, sowohl auf diesem Gebiet wie auch auf jedem anderen, und daß du sie seiner unwandelbaren Treue anvertraust, die stets größer ist als all unsere Treulosigkeit. Dieses zweifache Anerkennen, sowohl das der Wahrheit deiner Sünde als auch das der Verzeihung Gottes wird dich frei machen.

Alles kann gerettet werden

Wenn du aber dennoch, ungeachtet deines guten Willens und obwohl du zu den Sakramenten der inneren Heilung, nämlich der Buße und der Eucharistie, deine Zuflucht genommen hast, auf Grund der Macht der Gewohnheit von einer allem Anschein nach unheilbaren Wunde gezeichnet bleibst, so wird diese Prüfung sich in ein Kreuz verwandeln, das du mit dem siegbringenden Kreuze Jesu vereinigen kannst. Auf diese Weise — ich wiederhole es — wird das Heil für dich möglich sein, wer immer du auch seiest und wie immer deine persönliche Situation beschaffen ist. Anderenfalls wäre Gott nicht Gott, und unsere Sünde wäre stärker als seine Liebe. Nur ein einziges Unglück gäbe es, das nicht wieder gut gemacht werden kann, nämlich freiwillig und endgültig an der Barmherzigkeit Gottes zu zweifeln.

«Was ergibt sich nun, wenn wir das alles bedenken? Ist Gott für uns, wer ist dann gegen uns? Er hat

> seinen eigenen Sohn nicht verschont, sondern ihn für uns alle hingegeben — wie sollte er uns in ihm nicht alles schenken? (...)
> Was kann uns scheiden von der Liebe Christi? (...) Denn ich bin gewiß: Weder Tod noch Leben, weder Engel noch Mächte, weder Gegenwärtiges noch Zukünftiges, weder Gewalten der Höhe oder Tiefe noch irgendeine andere Kreatur können uns scheiden von der Liebe Gottes, die in Christus Jesus ist, unserem Herrn»[25] (Röm 8, 31-32.35.38-39).

Der Friede durch das Vertrauen

In diesem Kampf, den du zu führen hast, um in der Keuschheit zu leben, d.h. um Gott in deinem Leibe zu verherrlichen und auf diese Weise dazu beizutragen, die Welt von der Versklavung an die Unreinheit zu befreien, sei hier die Quelle deiner Entschlossenheit und deines Eifers, deines Vertrauens und deines Friedens.

«Denn Gott hat uns nicht dazu berufen, unrein zu leben, sondern heilig zu sein» (1 Thess 4,7).

25 Ich wage es, dem Texte des heiligen Paulus hinzuzufügen: «nicht einmal die Sünde», denn selbst die Sünde, wenn sie als solche erkannt und der göttlichen Barmherzigkeit übereignet worden ist, vermag uns nicht mehr von der Liebe Jesu zu trennen.

Inhaltsverzeichnis